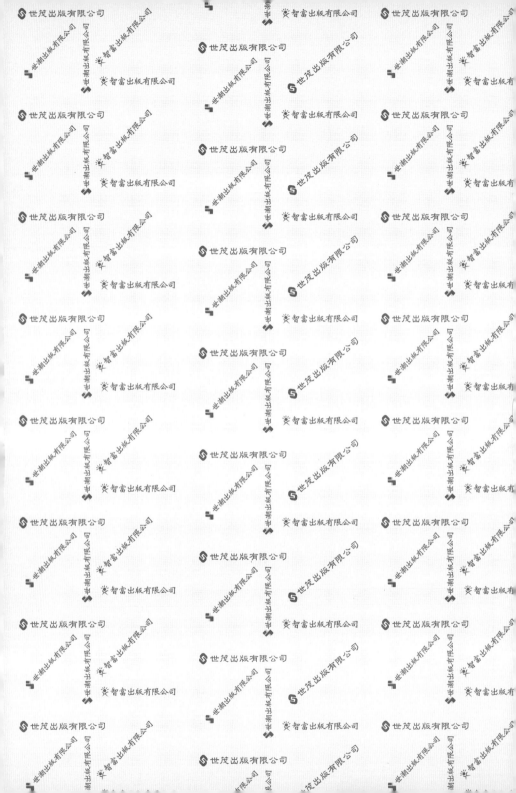

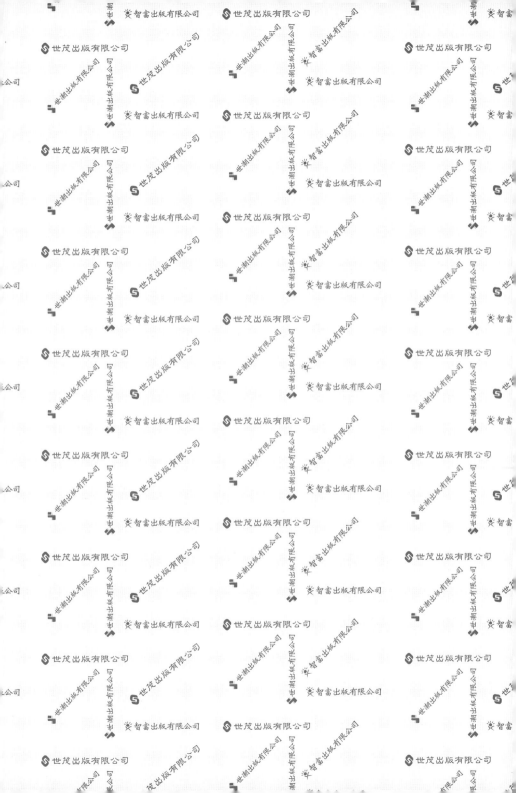

親子の法則 人生の悩みが消える「親捨て」のススメ

取回人生主導權，
捨棄父母阻礙的八個練習

解結

三凜諭史——著
簡毓棻——譯

前言　除去沉睡在心底的「父母阻礙」

聽到「毒親」與「父母扭蛋」時，你的心有沒有緊揪了一下？

所謂的「毒親」是指，過度干涉或試圖以言語暴力或肢體暴力等手段來控制孩子，或是只以自己的狀況為優先，而忽略或遺棄孩子的父母。對孩子來說，這些就是有毒的父母。

而「父母扭蛋」則是指，如同去轉扭蛋機試手氣一樣，你會有怎麼樣的父母也像扭扭蛋一樣，有好運與壞運之別，人生也因此而有不同的開展（但這通常指不好的方向）。

以上兩種詞彙，無論何者，近年來都廣為大家使用。

我目前主導一家名為覺醒學校的線上課程，專為解決以親子關係為主的各種課題而提供學員教練或是諮商課程。前來參加課程的人，大多是因為與父母間的關係而煩惱。

前來諮商的年齡層與性別涵蓋很廣，我驚訝地發現，**「原來不分男女老幼，竟有這麼多人煩惱著與父母間的糾葛」**。

我因此想確切明瞭親子問題的實際狀況，於是在二〇二一年十一月二十六～二十七日做了「與父母關係」的調查。這項調查是在網路上針對二十歲以上六十歲以下的民眾為對象，樣本數是男性一〇二人，女性一一〇八人，總計為一二一〇人。

結果獲得的曲線走向，果真如我所料，是偏向一側的狀態。

問卷中，**對於「你是否曾經感覺到自己的父母是毒親」這個問題，回答「經常」「偶爾」的人中，男性占比六十一・八％，女性是六十五・九％之多**（serendipiy 有限公司的調查）。

應該是因為問卷的受訪者都是會造訪我網站的網友們，所以他們有什麼樣的煩惱，我大概能想像得出來。即使如此，受訪者超過六成以上都把自己的父母視

是否曾覺得自己的雙親是「毒親」？

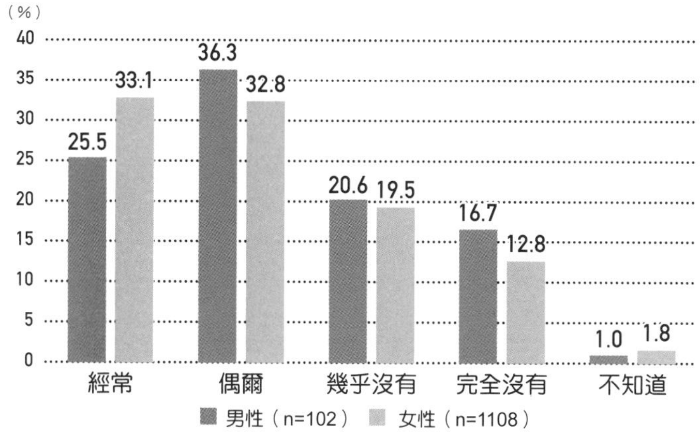

出處：serendipiy有限公司

為是毒親這個事實，更讓我感受到這個問題的嚴重程度。

順帶一提，問卷受訪者之中，有七十％的人回答「沒有存款」，而有超過一半的人回答「對未來感到莫名的不安」。

看著這樣的結果，以我自身經驗反推並確定，**接受調查的人們心中都有著「父母阻礙」，而且也因此衍生出各種煩惱與生存困境。**

所謂的「父母阻礙」是指，從小就受到父母話語與態度所帶來的價值觀與先入為主的想法所影響，試圖服膺父母而忽略自己真正想法的狀態。

一旦內在有「父母阻礙」，人就會封閉內心，漸漸搞不清楚自己真正的期望與想做的事。

例如有些人可能會不斷換工作、盲目購物血拚、經常更換伴侶等。這類人極有可能在內心中就有著「父母阻礙」。

由於他們感覺不到來自父母的認可，難以提升自我價值感，無論是工作或是在使用金錢上都缺乏主體性，導致他們也無法想像未來。

另外，**他們會將與父母的關係投射到伴侶身上，有時候就會影響他們跟伴侶的關係。**

我自己就是長期與父親的關係有著「父母阻礙」，因此深受此苦。

雖然我現在終於可以找到自己想要努力的工作，也能自由選擇居所，但以前我可是過著無法接受自己的人生，對自己也很不滿意。正因為懷抱著虧欠感，導致我不斷徘徊，更導致我無法找出滿足自我內心空虛的方法。

因為工作不順利，經濟上也頗匱乏，與伴侶的關係當然也不融洽，因此我的第一次婚姻是以離婚收場。

然而現如今，我重新審視自己，找到真正想努力的工作，並為了完成這一世的使命而盡全力奮鬥著。

後來我發現，自己人生的生存困境與之所以不順利的原因都在於我與父親相處不順上。

我想要設法解決重大的「與父親間的心理問題」，因此開始學習心理學以及自我啟發的相關知識。在這些學習中，我認識了人類行為學權威約翰·弗雷德里克·迪馬提尼（John Frederick Demartini）的練習，因而讓我的人生有了急遽的開展。

所謂「迪馬提尼方法®」（demartini-method®）這個練習是指，當你改變所有觀看人生的視角，就能除去先入為主的觀念，進而以新觀點來看待事物。

於是，**我試著用這個方法來改善我與父親間的關係。**

沒想到，我與父親的關係，甚至連我的人生都如謎霧散去般變得清晰可見。

其中我察覺到最大的一點是，我找到自己真正想做的事與非做不可的事。

也因此，我深深認為，「要把這個經驗告訴更多人，並相信這個方法一定能幫助那些深陷於親子關係糾結中的人，以及為『父母阻礙』所苦的人。」

後來，我更深入學習親子關係心理學，並以人生教練的身分幫諸多人士進行諮商。

自從我能分辨清楚想做的事與該做的事，就能專心致志地工作，如此一來，錢也源源不絕地入袋。

我甚至曾經因為把自己的父親形象與所有遇到的年長男性相重疊，導致我與這類男性在相處上有困難。但後來這種狀況也獲得改善，而且我變得能自在地與他們相處，甚至增加不少受到提拔的機會。

參加我所主持與企劃的線上人生教練課程人數已經累計超過了九萬。

最近，世界知名企業家伊隆．馬斯克（美國電動車特斯拉與太空探索科技公司 SpaceX 的首席執行官）的母親梅耶．馬斯克來到日本進行初次演講，我因此有機會向她請益關於親子關係的看法。

我的工作多是在網路上進行，所以目前主要居住在當年嚮往的歐洲，而且會隨著季節的更迭，移居歐洲各地。一年中也有幾個月會住在日本，已經完美地達成了居住自由。

我的人生之所以能有如此好轉，我認為正是因為自己做到了「捨棄父母阻礙」的結果。

我自己的這個經驗應該可以帶給許多因為「父母阻礙」而煩惱的人一些助益。我不斷嘗試去學習「迪馬提尼方法®」以及其他心理諮商方法後，目前已經成功創建出一套能助人去除父母阻礙的「捨棄父母阻礙練習」。

「捨棄父母阻礙練習」的特點就是，能從原本對父母主觀且偏頗的觀點，轉而以客觀的角度來看待父母。

藉此，**讓自己擺脫父母束縛的影響，無論是金錢、時間、地點、人際關係、健康等，能隨心所欲掌控一切人生重要因素。**

以下就讓我來介紹幾個例子，這些都是與我同樣完成了「捨棄父母阻礙」後取回了屬於自己的自由、能自在生活的人們的欣喜心聲。

・我獨自創業，並獲致了成功！（三十二歲・男性）
・我不再為金錢感到不安，並察覺到自己其實很豐盛！（四十一歲・女性）
・我以前為了能擁有戀愛的感覺，每隔一、兩個月竟就分手當時男友尋找新戀情，但我現在已經能不過度依賴伴侶，而且也擁有了一段能持久的關係！（二十九歲・女性）
・我曾經很厭世，現在每天都能找到值得開心的事！（二十七歲・女性）
・自從我從過度掌控的父母那邊獨立出來後，原本爆食與厭食的狀況就消除了，也活得比較像自己！（二十五歲・女性）

我相信，下一個就換你了。

無論是長久以來遭受父母壓抑而痛苦的人，或是懷疑自己父母是毒親的人、自己是不是沒有父母運的人等，我都強烈推薦各位來做這個練習。

另外，本書所傳達的內容，對於在單親家庭中長大，只熟悉父親或母親的人，或是在育幼院長大，對親生父母毫無記憶的人也很有助益。

我希望這套「捨棄父母阻礙練習」從十歲到六、七十歲，甚至是父母已經離開人世的所有人都能使用。

「捨棄父母阻礙練習」這套方法不單只能對父母施行，即便是自己一人也能獨自完成，所以所有人都能安心練習。

讓我們往脫離父母束縛、大膽描繪夢想，並將之付諸實現的道路前進吧！

目錄

第一章　人生的九成決定於「你與父母的關係」

第二章

缺錢是父親害的，不被愛是母親害的

第二章

消除煩惱的「捨棄父母阻礙」的建議

第四章

成功「捨棄父母高牆」的八個步驟

第五章 等待著你的是「人生的五大自由」

第一章

人生的九成決定於「你與父母的關係」

孩子的人生受到父母強烈的影響

人生的九成決定於「你與父母的關係」……這章名想必為你帶來了衝擊，然而，這卻是毫不虛假的實話。

原因在於，父母是孩子人生中最初遇見的重要他人，而且也應該是值得信賴的保護者。

我們都知道，早年與父母共同生活所帶來的影響，即使過了人格形成時期，仍舊持續著。**在父母的想法、生活信念、價值觀等各層面上所帶來的影響之中，有正面的部分也有負面的部分。**

負面的部分尤其會深深刻印在腦海裡，而且容易造成一生的影響。

如同我前面說過的，很多人之所以認為自己父母是毒親，原因就在於此。

人類在嬰兒階段，除了吸奶與排泄，是處在幾乎什麼事都做不了的狀態。人類是以須要父母庇護，否則無法生存的危險狀態誕生於世，而且多數情況下，在十八歲高中畢業前，或是在生活面上須要受到照顧，或是須要在經濟面上獲得生活資助。

因此，孩子們在一年三百六十五天中，每天都必須與父母緊密地打照面生活，理所當然地，孩子們就會深受父母言行舉止的影響而成長。

我們可以說，父母不但是孩子們最初遇見的重要他人，同時也是身而為人的典範。然而，孩子們除了受到父母的庇護，在權力關係上則遠不及父母。由此可知，**如果不受到父母的喜愛，對孩子來說是關乎生死的問題**。

三到四歲之前，天真爛漫又以我為尊的孩子們，一旦長了智慧，變得社會化後，就會想要受到父母的喜愛，開始懂得對父母察言觀色。

我自己也是在稍微懂事後，就學會了看父親的臉色。

我家是四人家庭，由父母、我與小我七歲的弟弟所組成。父親在大報社工作，母親則是家庭主婦。我跟弟弟年齡差距大，所以不太有話說，也沒什麼機會談心。

在我小三時，父母離異，直到高一，因為父親工作的關係，我都住在新加坡。昭和二十九年（一九五一年）出生的父親是典型的「昭和父親」*。

對身為小孩的我來說，清楚知道「絕對不可以違逆這個人」。長大後，**我個性慢熟，難以與初相識的人在短時間內熟稔，但我清楚知道這一切源自於我自小就懂得察看父親臉色的關係。**

父親很熱衷於教育孩子，非常重視我的課業，因此我從小學起就讀私立學校。雖然，我可以說受到良好的教育，但因為父母的堅持，我在童年時期沒能盡情遊戲玩耍，只能一股腦兒地念書，對此，我至今仍對父母懷有怨恨之情。

*註：昭和男子的典型特徵就是熱血、崇尚力量、大男人主義。

父母的言行之所以轉變成「心裡那根刺」的原因

對孩子來說，父母說出口的話有絕對的影響力。**即使父母說的話並不帶有惡意，孩子也會覺得自己被否定，這類情況經常發生。**

比方說，有些父母會說：「你每次都這麼慢」「不管做什麼都拖拖拉拉」，**對父母來說，這些話完全沒有別的意思，但孩子卻會全盤接受地認為自己就是父母口中的那類人。**

如果是有手足的人，常見的情況是，孩子會逕自認為父母光只讚揚其他人，而不讚揚自己。

因為對孩子來說，手足就是與自己爭奪父母之愛的對手，即使父母並沒有貶低自己的意圖，孩子也很容易認為「父母就是比較喜歡我的兄弟姐妹」「爸媽應該並不疼愛我」。

然而事實上，父母就是把孩子生到這個世界上的人，因此，容易在無意識間認為「我不須要對孩子有任何顧慮，說什麼應該都沒關係」。但孩子本就會對父母撒嬌，也會想著「不論我做什麼事，父母都會原諒我」，以上這兩種情況都會發生。

心理學認為，**幼年期的經驗會變成「人生劇本」，即使長大成人，也深深影響著人們的思考與行為模式**。

我有位五十多歲的女性朋友美香子（本書中出現的人名都以假名處理），據她說，**自己從小就被母親說：「作為我的孩子，我真是把妳給『做』壞了。」**

據說，美香子的母親從小就品學兼優，運動神經也是全班一等一。她在戰後那個混亂年代中度過了青春期，而她的口頭禪就是：「如果當年我生在太平盛世，再加上努力用功讀書，我現在肯定不是醫師就是律師了呢。」

相對於母親當年成績總是滿分，美香子屬於成績中段的學生，而且運動神經差、跑起來很慢，這成了她的心結。

美香子從小性格就比較懦弱，也不擅長展現自我、清楚表達意見，長大後，她果然成為如母親嘴裡說的「沒什麼個人特色的平庸之輩」。

母親不斷地用「優秀的自己」與「平庸的女兒」相比較來貶低女兒，並喜歡一直展現優越感，最終出現了奇妙的行為。

當美香子面臨高中入學考而徹夜苦讀，母親竟拿著酒杯與魷魚乾走進美香子的房間，嘴裡說著：「不須要那麼認真的啦！」不僅如此，還經常把「別勉強自己一定要考進好學校喔，隨便讀一個就好」掛嘴邊。

於是，美香子當真聽了母親的話，進了當地成績最差的普通高中就讀。她一進學校才驚訝地發現，這所學校的學生每天都醉生夢死，老師們也不用心教學。

她痛定思痛地想著：「我絕不能讓自己的人生就這樣下去。」大學入學考時，她拚盡全力讀書，在短短半年內提升了十五分的偏差值，最終進入第一志願的大學就讀。

就在這時，她才發現，「自己只是從小學開始就沒有好好聽課，以至於成績不好，但事實上，她是非常優秀的」。

也就在這時，她才察覺到，母親之所以一直貶損她，說她很平庸，完全是出於嫉妒美香子得以生活在沒有戰亂的和平時代，心想著「絕對不能讓女兒超越自己」「我要讓女兒知道，我比她優秀」之故。

如同格林童話中，那位無法允許白雪公主比自己還要美麗的繼母一般，美香子疑惑著，「母親這些年來是否一直在拔除自己的各種可能性」。

雖然母親已經過世超過十年，但五十八歲的美香子依然對自己缺乏自信。

對於母親，她似乎被「就是她讓我的孩童時代充滿了各種情結」這樣的怨恨緊緊纏繞著。

如同美香子的例子，**對某些人來說，那些感覺「被父母否定」的話語，變成了小小的刺，一直刺在心上，並影響著他們之後的人生。**

我相信，無論是誰，即使長大成人後都或多或少有一個或兩個無法忘懷的、因為父母的言行而帶來的悲傷回憶。

然而，即使如此，成為大人的現在，某種程度已經能夠理解當年父母也有他們的苦衷，所以，也能夠為當時的父母找到某些理由，如「爸爸那時一定是出於想要鍛鍊我，才特意對我那麼嚴厲的」「那時候，媽媽一定是因為剛生弟弟非常忙碌，所以才沒有空聽我說話」，然後試圖原諒父母。

他們想著，反正事情都已經過了那麼久，心情上也找到平衡點了。

但是實際上，情緒這種東西不是那麼容易切割開來的。**就算是不經意的一句話，因此而感到受傷，或是感到悲傷的情緒是會一直殘留在內心深處的。**

那是因為，作為一個大人，在理性上雖會想要原諒對方，並試圖做出讓心情變得輕鬆的作為，但內心實則並不接受這種做法。

而正是這種機制成為了「無法療癒的情緒」、成為了阻礙。

何謂「無法療癒的情緒」所帶來的影響

「無法療癒的情緒」會以各種形式在人生中成為陰影。

對於那些涉世未深、尚未累積人生經驗的孩子們來說，父母的言行具有絕對的分量，甚至會影響到之後的自我認知與人格形成。

一般來說，諸如，莫名地對未來有各種擔心、原本能順利進行的事卻遭受阻礙等，具體來說有以下這些狀況：

- 沒有自我肯定感
- 總是把「對不起」掛在嘴上
- 老是感到不滿足
- 不自覺地自我設限

- 對於擁有自由感到有罪惡感
- 無法有計畫地使用金錢
- 無法積極面對工作
- 心緒起伏激烈
- 個性散漫，無法做好自我管理
- 戀愛運不好
- 容易受他人言行影響

接下來，我將一一說明這些狀況。

沒有自我肯定感

近年來，自我肯定感這一詞變得很普遍。我想是因為煩惱於無法自我肯定的人為數不少所致。

人一旦自我肯定感低落，不但任何事都容易做不好，而且也會過度自責：「這一切都是因為我沒有能力」「之所以會失敗，責任全在我」。

原本人生就不可能事事成功。失敗與成功通常是如影隨形的。也就是說，經歷失敗才有可能帶來成功。

然而，自我肯定感低落的人通常無法這樣思考，只一味地落入「啊～又失敗了。我這個人真是糟透了。」這種無限負面的循環中。

這類人常把「反正我就是沒用」掛在嘴邊，認為我不論做什麼都不行、就是沒有人會愛我、我這種人活著一點價值也沒有等等。

如果深究心理上的因素，大多數都是因為他們**年幼時，父母總是不經意對他們說出「你就是這樣、很糟糕」一類的負面話語，以及當他們須要父母給予安慰鼓勵卻得不到所導致**。

幼年期的心靈純真，所以會原原本本地接受父母的言行，然後再幫自己貼上「我就是沒用」的標籤。

總是把「對不起」掛在嘴上

通常，明明只要說「方便請問一下嗎」「現在有空嗎」就可以，有些人卻老是特意把有道歉意味的「對不起」當作開頭語。

雖然本人可能沒有意識到，但我每每遇見這類型的人，都會不自覺地想：「他是不是從小到大都被父母否定呢？」

如果父母是那種會對孩子碎念不已的人，或是那種急性子、脾氣暴躁，一下子就對孩子發飆的人，孩子就會變得須要時刻對父母察言觀色。

我認為，那個察言觀色的習慣會反映在與他人說話時，動不動就脫口而出「對不起」。再者，也有可能是受了日本人特有的想法所影響，亦即認為「只要一開始先道歉，就不會造成他人困擾」。

我之所以會有感而發，是因為長年待在國外，且成長過程中，除了日本人之外，也與其他國家的人們互動，受了些影響。拉開點距離來看，就更能強烈感受到日本人與其他國家人們的差別。

日本以外的其他外國人是不道歉的。即使明顯是自己有錯時也不道歉，可以說那些相當於道歉的「對不起」也不會是從自己口中說出來的。

老是感到不滿足

客觀審視自己時，你有沒有感覺到，不論自己是否身處於優渥的環境，內心深處就是會覺得有種無底洞般的空虛感，或是總感到自己有所欠缺呢？

如果把這樣的心境說出來，別人可能會覺得你是在無病呻吟，然而，人若不被理解就是一種痛苦。

其實我自己就是這類型的人。

從外人看來，我一點問題也沒有。但是，我卻一點都不滿足。其實，我並不像大家所想的有個美好人生，也經常感受到別人對我的看法與我的內心相差了十萬八千里。

雖然我現在已經很清楚自己的狀態，也明白，這一切原因就在於我從小就知道父母對我的期待是「希望你過這樣的人生」。

我知道，**如果接受了父母期待的生存方式，照著他們的話去做，那我就是在過他們的人生，而不是自己期望的人生**。

一旦如此，我將離真正的自己愈來愈遠，並為此感到痛苦，永遠都不會覺得滿足。

以父母的想法為首要考量的結果，就是忽視自己的心，即使是旁人看來順遂得不得了的人生，我也只感覺到自己是個毫無內涵的空殼，覺得人生並不滿足。

不自覺地自我限制

你是否遇過這樣的人？明明無人反對，但他就是沒辦法去做想做的事。

「想去環遊世界一周，卻煩惱著這樣做真的好嗎？」

「想要學教練術或諮商，卻莫名猶豫不決。」

像這樣不自覺地就自我限制的背後，藏著**「我爸媽應該不會支持我」的想法。我認為，這樣的人從小就受到父母「人要穩定度日」想法的影響。**

二〇〇〇年以前出生的人們的父母親們，可以說是仍強烈有著「日本是經濟大國」的印象。

然而，現今的日本已經是世界上知名的少子高齡化社會，且曾是國家基石的製造業已經衰退，甚至ＩＴ化的進展也遠落後於其他國家，我們這些誕生於國力已然低落的世代，再難想像那個曾為經濟大國的日本樣貌。

但是，父母親的想法卻仍停留在那個時代。

正因如此，他們才無時無刻地強迫孩子們要接受自己的想法，諸如「要待在一個公司長年工作才好」「只要乖乖地不胡思亂想，人生就會順遂」，但事實上，這些想法都已經過時。

這些想法都根源於父母為孩子好的心意。父母們不願意孩子們吃苦。因此，父母們都希望孩子能獲得有利於就業的高學歷、期望他們進入大企業工作。如此毫不遮掩地高談闊論的父母親非常之多。

然而，對於父母的安穩期望，有些人的腦中雖會閃過「這個時代，那樣的想法是否還適用？」無奈自孩提時代就將父母「安穩第一」的價值觀視為圭臬，在這種狀態下，要能理解真相並擺脫舊有價值觀，真不是件容易的事。

所以，當你想要嘗試點新事物，「那樣做真的好嗎？」的想法自然地就限制了你。

對於擁有自由感到有罪惡感

接下來說到的自由，主要說的是時間上的自由。

如果你對自己的限制是源自於「過度體察父母心」，那麼或許可以說是「浸淫在父母生活態度下自然發生的」。

自孩提時期起，就眼見父母將時間都奉獻給工作，**因此自然而然地認為，自由使用時間就等於在玩樂，雖然父母並沒有把「非得要揮汗工作」掛在嘴上，孩子卻在無意識間養成這樣的價值觀**。

我自己在做到「捨棄父母阻礙」之前，曾經有一次要帶著一台電腦到國外出差兩個月。雖然我看起來是意氣風發地出門，但那兩個月內，心裡卻總是無法放心工作。

我認為，原因就在於，「我自己究竟能否這麼做」的想法在糾纏著我。

當時的我已經是一位自由工作者，雖然才剛獨立工作，頭腦中明白「我是自由的」，但心裡頭卻不舒坦，被罪惡感壟罩，讓我想不清楚。此時，我還沒有自覺，但後來，我想起這一定是因為我的父親留給我的那個總是從早到晚辛勤工作的背影，影響了我把自己的工作姿態與他的背影相重疊導致。

「莫非父親是對的，而我是錯的？」我心裡一定有這樣的想法。

我曾經聽聞一位父母在十多年前過世的朋友說道：「我現在仍舊會不自覺地想著『如果我這麼做，父母一定會露出一臉嫌惡的模樣吧！』」我也同樣有他說的這種狀況。

人無論到多大年紀，無論父母是否健在，心中總有一個正在監視著自己的父母。由此可以想見，親子關係是如何地盤根錯節了。

無法有計畫地使用金錢

在那些無法有計畫性地使用金錢的人們之中，有為數不少的人都是看著父母為錢所苦的背影而長大。他們的腦袋裡被植入了「錢只會帶來辛苦」的想法，因而對金錢懷抱著「我就是不善於理財」的想法。

另外，除了眼見父母為金錢辛苦而長大，還有個令人感到意外的原因。

諸如，小時候開口跟父母要買東西，卻被以「沒有必要，所以不買給你」這種說法給拒絕的經驗。雖然父母可以好好說清楚拒絕的原因，但大部分時候，都容易隨便拿藉口搪塞過去。

就結果來說，因為孩子經驗到了「父母不會買我想要的東西給我」，就會將之解釋為「只要是我想要的都得不到」並牢記在心。

然後**對使用金錢莫名會有罪惡感，又或是一想到「我想要這個」，就會被「不趕快買，喜歡的東西就會不見」的想法綁架，從而毫無節制地出手亂買。**

另外，之所以變得浪費，還有因為從小看見父母為了金錢而爭吵，金錢讓父母過得很困苦等。父母的這些身影都會深深影響著孩子。

因為對金錢的紛爭以及為金錢所苦，導致人們無法對金錢有正面的想法，只一味想著：「錢會從自己手邊溜走。」

這樣的懼怕，反而加強了花錢的慾望。

我所經驗過的每個案例都有個共通點，那就是「在使用金錢上無法做出冷靜的判斷」。只要能冷靜判斷，自然能有計畫性地使用金錢，也能清楚自己經手的金錢去向。

缺乏判斷力，只靠情緒來用錢，就是缺乏計畫性的證據。

無法積極面對工作

應對工作的方式也可能是來自與父母關係的投射。

當我們自小看著父母為工作奔忙的身影，其結果就是，我們只會把工作當成是門苦差事；或是父母以工作忙碌為由而忽略我們，讓年幼的我們經歷到孤單寂寞，因為本就與雙親的關係不睦，當把主管與父母的身影相重疊，就無法坦然與主管互動等等，會出現各種情況。

其結果就是，無法自我期待「在工作上會達成多大的目標」。

我對父親懷有恐懼與憤怒，所以在成為自由工作者之前，作為一個社會新鮮人在公司工作時，最令我感到辛苦的就是與主管間的人際關係。

孩提時代，每當要跟嚴格的父親互動就讓我緊張不已。

初出社會當新鮮人時的我其實不清楚，那樣的緊張是源自於我無意識中的反應，還是對與主管相處的不知所措。但由於我是菜鳥，非常清楚知道，只要遇到不明白之處就要一一詢問主管，該向上報告的事也要第一時間就處理。

我的理智非常清楚這些事，然而內心卻有其他情結，因此，每次都無法坦然地跟主管互動。

在立場上，越處上位的人，對於那些會靠近自己的年輕人都會多些疼惜與提供協助，在這一點上，我完全沒有受益，而且還是個令人捉摸不定的下屬。

理所當然地，我在工作上沒有什麼好表現，只有深刻地感受到「自己在工作上一事無成」。我的上班族時代就充斥著這樣深刻的自卑感。

心緒起伏激烈

有些人總是情緒反應激烈，把自己想得過於重要。

這類型的人，具有執著於黑白對錯、落入二元對立的傾向。

只要某人的想法或價值觀與自己不同，就會斷言說「那是不對的」「我沒辦法接受」，繼而大聲主張自己是如何正確等等。

我認為背後因素就是來自於自幼父母過度壓抑的結果。**應該是自小就受到父母壓抑，常被批評說「這樣不行」「那樣也不行」吧。因此自己也認為評斷他人是很理所當然的。**

由於自己對父母言聽計從，就要求他人也要對自己言聽計從。明明人無法要求他人依照自己的意思行動，卻苦苦執著，一旦不如意就無法原諒對方。

他人若是不順從自己就生氣，因此總感覺跟每個人都合不來，常變得沒什麼朋友而受到孤立。

個性散漫，無法做好自我管理

之所以無法自我管理、放任事情自由發展，可以說是因為不珍視自己的人生吧。說得更甚些，之所以會這樣，是因為不相信自己的可能性。

請試著想想。人為什麼能夠自律地使用時間或控制自己的行為、自己決定非做不可的事且持續下去呢？那是因為人們相信自己的人生能夠更好。

相反地，為什麼有些人做不到呢？**原因在於，他們心裡有這樣的信念：「反**

正我的人生又不重要」「我又沒有什麼能力」「我是個很渺小又無趣的人」。

而這樣的信念又是從何而來的呢？恐怕是自小，父母不經意對他所說的「你真糟糕」「你什麼都做不好」。若是將這些話原原本本放到心底，並認為自己就是父母所說的那樣，就會不斷在心裡形塑著那糟糕的自我。

正因為自己是渺小且無用的人，所以確信「就算我做得好，也不會有人到」。

結果就形成了散漫而無法自我管理的人格。

戀愛運不好

如果說伴侶關係是我們與父母間關係的直接投射，這一點也不為過。

我尤其常聽聞女性朋友說：「我真沒有男人運」（充其量只是個人的感覺）。我認為這一點也不奇怪。

怎麼說呢？

在二〇二一年世界經濟論壇所公布的性別差異指標中，日本於世界一五三國中位居一二〇。雖然看起來很不體面，但日本確實在先進國中也算是數一數二的「男女差異甚劇的國家」。

實際上，我的女性友人們常跟我說：「自己小時候是看著霸道的父親對母親施暴而長大的。」

所謂的「施暴」並不單指揮舞拳腳動粗。其中還包括父親輕視母親的言行舉止，或是父親自己任性地過日子，放任母親一人辛苦維持家庭等，這些都屬於父親對母親所施行的精神性虐待、道德騷擾。

另外，父親全然不工作、沒有收入，或是即使有工作但收入微薄等毫無生產力的狀態，也是導致後來父親成為所謂「渣男」的原因。

像這樣，**若孩子自小就一直看著「讓媽媽辛苦的父親&辛苦工作的媽媽」的背影，也會讓孩子漸漸對男女關係想像成是「男性會為女性帶來不幸」「女性總是被害者」，於是當孩子長大成人，多數也會落入這樣的現實中。**

如果是男性，容易出現跟母親不合或是不擅與女性往來，甚至帶著嫌惡感的情況。

容易受他人言行影響

你是否遭遇過這樣的情況：雖然心裡想著的是A，可是一旦其他人說「不是A而是B」時，內心就會動搖，想著：「我是不是搞錯了什麼？」

另外你還有沒有遇過這種情況：總感覺只有自己老是有損失、只有自己的人生不走運，而一直羨慕著其他人。

我想，任何人或多或少都會對其他人的想法有疑惑，會羨慕其他人的人生。然而，這些想法一旦過多，就有可能大為影響你與雙親的關係。

比方說，當父母行使絕對大的權力，孩子只能屈居於被支配的位置。

在這樣的情況下，孩子就會明白，「只要像這樣乖乖聽父母的話，就絕對不會錯」。**然而，遵從這樣信念長大成人的孩子，將難以擁有自己的獨立思考，以及為自己人生做選擇與做出行動。**

這麼一來，他會因無法感受到自己的人生是屬於自己的而困惑，並對自己失去信心。

因此就會過度在意他人的想法，覺得自己老是有損失，並不斷羨慕著他人的人生。

我們深受父母的影響超乎想像

只要仔細省視，就能重新思考「我們受父母的影響有多大」。

父母之所以能對我們產生極大影響，是因為對孩子來說，父母總是在身邊，而且是最值得依賴的存在。

一般來說，孩子在高中畢業之前，包含經濟層面，父母會全面性地關照孩子的一切。

也就是說，整整有十八年，不分日夜地，父母的話會一直縈繞在孩子耳邊，眼睛所見是父母的所有行為。理所當然地，孩子肯定會受到非常大的影響。

另外，每天生活中的親子相處，對孩子來說就是溝通的原點。

家庭，從某個意義來說，就是一個封閉的世界。說來，如果不是偶然瞥見，或是故意偷窺，否則，我們不可能有機會看清楚其他家庭的原本樣貌。

其他人的父母是怎麼樣的人？

他們跟孩子的關係如何？

我們無法詳細得知。

像這樣，家庭作為一個封閉系統，孩子會以自己的父母為標準，逐漸形成自我人格。問題在於，孩子會不自覺地接收父母的價值觀或先入為主的觀念，在不知不覺中為自己帶來多種限制，以至於難以活出自我。

如前所述，這就是我所說的「父母阻礙」。

所以，如果想要擺脫父母開始自立，要先搞清楚，自己究竟有哪些部分深受「父母阻礙」的影響。

首先，我們先來檢核一下你的「父母阻礙指數」。

【「父母阻礙指數」檢查表】

A組

- □ 總是為金錢感到不安
- □ 不太認為自己是豐盛的
- □ 無法存錢
- □ 總是以金錢為由而放棄想做的事
- □ 不會管理金錢
- □ 跟主管不合
- □ 只要想到明天也要上班就感到煩躁
- □ 覺得自己能力低落
- □ 找不出工作的價值
- □ 工作總是沒有成就感

檢查打勾的數量有（　）個

B組

□ 伴侶關係總是不長久
□ 不善於經營伴侶關係
□ 人際關係總是無法深入
□ 太過於想要回應他人的期待
□ 不喜歡自己
□ 在乎他人眼光
□ 被問及「你幸福嗎」時，無法馬上回答
□ 對目前的生活總有些不滿意
□ 不知為何，每天就是感到焦躁不安
□ 覺得自己的未來很晦暗

檢查打勾的數量有（　）個

A組加B組的合計有（　）個

在第二章裡，我將為各位說明檢測結果的意義代表什麼，並詳細解說各自代表的父母阻礙為何。

第二章

缺錢是父親害的，不被愛是母親害的

你的「父母阻礙程度」如何？

現在讓我們就上一章結尾所做檢核表的結果，來看看你的「父母阻礙程度」。

透過A組．B組的檢測總數，就能得知「父母阻礙」的程度。

- 1～5個……低度
- 6～10個……輕度
- 11～15個……中度
- 16個以上……重度

檢核數越多的人，「父母阻礙程度」越高，由此可以預測你的人生因為與父母關係狀態而帶來了哪些煩惱。

再者，檢核結果如果都集中在A組，或是都集中在B組，就可看出你的「父母阻礙」是集中在父親或是母親。

任何人都有「男性性」與「女性性」

我們是將生物學上的男性與女性視為父親與母親而誕生於世，當然也繼承了來自父親與母親的遺傳資訊。

另外，**在生物學上，不論是男性或女性，每個人身上都有著「男性性」與「女性性」**。

或許你會想：「在這個無性別（Genderless）的時代，你特別提『男性性』與『女性性』難道不會太落伍了嗎？」然而，在心理學的世界確實有這種概念，且「男性性」與「女性性」也無關優劣，性別上的差異也確實存在。

首先，要請你理解這件事後再繼續閱讀下去。

關於心理學上的男性性與女性性，如果以日語來查詢，資料並不多，但在英語圈裡，榮格心理學的心理學家們向來會研究男性性＝Masculinity（陽性特質），及女性性＝Femininity（陰性特質）。

就我所知，關於Masculinity與Femininity，在國際上的主要指標有兩個。其一是美國的性別學權威同時也是心理學家的桑德拉・貝姆（Sandra Bem）所提出的指標。翻譯如下。

【性別角色量表（Bem's Sex Role Inventory; BSRI）】

男性性

貫徹信念／神采奕奕／競爭性強／執行者／具指導力
粗暴／有勇氣／具決斷力／具攻擊性
具說服力／頑固／可靠／積極的／大膽的／有體力
有精力／具冒險心／具獨創性／具自發性

女性性

親近性／細心／具魅力的／親近孩童／語言優雅

懂得應對進退／優雅／具同情心／面面俱到／會撒嬌

溫暖／有幽默感／應對靈敏／貢獻／溫柔

懂得打扮／性感／親切的／愛照顧人

另一個指標是著名社會學家，也是ＩＢＭ研究員的荷蘭人吉爾特．霍夫斯塔德（Geert Hofstede）所提出的指標。

根據他的研究發現，依據各國文化的不同，世界上分別有強調男性性的社會與強調女性性的社會。

【男性性的特徵】

- 具野心且成功欲強烈
- 喜好對立，不排斥分裂

- 重視社會性的成功
- 有著「從競爭中獲得勝利，藉此獲得名譽與金錢等報酬」的想法
- 具有意思決定力
- 富有決斷力
- 認為工作就是人生
- 認定只要達成目標就會得到讚賞
- 分割角色

【女性性的特徵】

- 重視生活品質
- 為他人貢獻
- 目標在和諧（更和平與協調地）
- 認為「與人競爭而獲得勝利並不值得讚賞」
- 富有直觀力與靈感
- 認為勞動是生活的手段

• 同情心強烈，具有共感力
• 認為角色間要互補

男性性與金錢、工作有關，女性性則與人際關係有關

在心理學的世界裡認為，無論男女都具有男性性也具有女性性，而一般來說，男性的男性性比較強，女性的女性性比較強。

一般也認為，**父親是自己人生中首次接觸到的男性，而母親則是人生中首次接觸到的女性，因此，我們很大地受到父親的男性性影響，也受到母親的女性性影響。**

男性性是邏輯強、有統御力、積極、具決斷力、有攻擊性等，而女性性則是情緒性的、溫柔地、柔軟地、具包容力、具共感力等。

從這些分類可以看出，**男性性與實現願望的能力、金錢與工作有關，而女性性則是與能否感受到滿足、幸福的能力、人際關係有關。**

當然，以上所說只是原則性的，一定會有例外。

然而，對照我自己的人生來看時，我驚訝於自己與這些分類如此接近。

我在學習心理學之前，就很清楚自己與父親的關係並不好。原因有好幾個。

- 我玩心重時，父親強迫我要讀書，讓我感到人生很拉扯
- 我跟父親的關係與他人不同，是不平衡的
- 父親總是以上對下的態度來對待我，我感受不到他有絲毫想親近我的心
- 他與母親離婚

直到今日，我可以理解，夫妻間的事，責任並不只在某一方。然而當時，我對父親的不滿與嫌惡感已經接近極大化的狀態。

我與弟弟後來都跟著母親，一起住在母親的娘家。只要父親每個月給的贍養費不夠，母親就會不斷叨念，然後，就會由我出面跟父親交涉索討我跟弟弟的扶養費。

也因此，我對父母的想法只有「為什麼父親明知會讓我困窘，卻還是這麼小氣巴拉」，再加上之前的互動，更讓我確信「父親是可惡的人」「他很壞」。

就這樣，與父親關係的惡化，全面性的影響了我的人生。

尤其是工作層面上的各種不順，到了連我自己都疑惑著：「事情為什麼會變成這樣？」的地步。

我剛畢業進入公司上班時，無論怎麼努力都無法獲得成果，這件事我在第一章就曾提過。

工作三年後，我辭掉了那分工作，並且信誓旦旦地說：「倒楣事就在這裡告個段落。接下來，我要重生了！」然而我卻完全沒有採取任何行動。

我的大腦當然知道，如果不事生產，就不會有錢進到口袋來。即使如此，實際上我卻完全沒有行動。

一早起床，我就能計畫好「今天工作要做到這個段落」「明後天起碼要達到這個目標」，然而結果要不是我無法集中精神，要不就是懶懶散散的，最終就是找很多藉口來延後原本的計畫。就這樣，我完全無法有任何進度。

無論我怎麼跟自己說：「我今天很有能量。」試圖奮發工作，但我總感覺到自己從根本上欠缺熱情，以及對工作的願景。

當我開始接受教練訓練，以及得知在心理學上有所謂的內在小孩（心中尚未被療癒的小時候的自己），**我才第一次發現，自己之所以無法萌生工作慾望，主要原因就出在我跟父親的關係不好，我深深為此感到愕然**。

雖然我早就明白自己跟父親的關係不好，卻全然沒有想到，這件事會強烈影響我的心理與行為。

雖然如此，對於「究竟哪個部分受到父母的負面影響」「到底是什麼造成了我的『父母阻礙』」，我實在毫無頭緒。

前一章檢核表中的Ａ組是以男性性相關的提問。

而檢核表中的Ｂ組，則是與女性性相關的提問。

當Ａ組的分數越高，與父親的關係可能就是你的課題；而當Ｂ組的分數越高，則你的課題可能就在與母親的關係上。

那麼接下來，我將就這些提問的設計做解說。

與男性性相關的檢核項目

總是為金錢感到不安

勾選了這個項目的人，我想大多數都在為「收入不豐」「儲蓄很少」而感到困擾。

那麼，為何你會甘願待在讓自己感到不安的收入狀態下呢？我想應該是你打心底「否定賺錢這件事」。

要知道，支配金錢與工作的是人內心裡的男性性，而男性性絕大多數受到父親的影響。**若是與父親的關係惡劣，那麼就很難對賺錢與工作這件事有著積極的想法。**

而且，一旦長大成人，也就是開始工作賺錢時，通常會選擇收入較低的工作

⦚ 男性性相關的檢核項目

- □總是為金錢感到不安
- □不太認為自己是豐盛的
- □無法存錢
- □總是以金錢為由而放棄想做的事
- □不會管理金錢
- □跟主管不合
- □一想到明天也要上班就感到厭煩
- □覺得自己能力不足
- □找不出工作的意義
- □工作總是沒有成就感

等，總是會採取讓自己在經濟上感到辛苦的行為。這一切多是在無意識間所做的選擇。

我自己也是如此。而且在我的個案中，為金錢煩惱的人，多半是因為父母離婚等理由而與父親分開生活長大，其中也有不少人覺得自己被遺棄而對父親懷抱恨意。

不太認為自己是豐盛的

剛剛的檢核表中，在這一項打勾的人之中，我猜想，有不少人即使在客觀環境中不虞匱乏，卻仍會莫名地覺得自己過得並不豐盛。

無論賺到多少錢，總感到不滿足，整個人被對金錢的渴望感所糾纏。

原因就在於，「無法滿足於現狀」。

我的個案中，有很多有此困擾的人，都是因為自幼得不到父親的認同，總是被父親要求要「更努力、更努力」。

有些個案說，他們的父親本身無論在工作或經濟上，也有著「我應該要變得更好，卻做不到」的人生困境，因此，把自己追求不到的夢想加諸到孩子身上。

「再加倍努力，再加倍努力！」的要求，正表明了「對身為父親的我來說，並不滿意現在的你」。

這樣的孩子長大後，會養成這樣的思考模式，就是永遠對自己很挑剔、對自己不滿足。

無法存錢

我們明明知道，幸福與否並不取決於金錢多寡。雖說如此，若想要維持某種程度上安心、安全生活，就需要相應的金錢，這一點無庸置疑。

而且，有存款所象徵的就是「有計畫的人生」。

那麼，那些無法好好存錢，或是存款總是無法再增加的人，可以說就是無法規劃自己人生、沒有將來夢想的人。

原因之一可以推論為，因為自小看著自己的父親賺得少，在經濟上總是很困窘的背影。**當他們看著想要奮起追夢卻不得其門而入的父親人設，恐怕難以理解到存錢這件事的必要性與重要性**。

另一個原因在於，有些個案會為了向父親復仇，而把自己的人設設定在「無法存錢、在經濟上很困窘的自己」。

由於他們在年幼時無法從父親那裡得到關愛，也因此壓抑想要愛父親的心，**於是長大後就想以「無法存錢而有財務上的窘境」來告訴父親，他的教養是失敗的（這是在無意識中的運作）**。

我自己在辭掉工作後，有過一段時間是以自由撰稿人的身分工作，但遲遲無法認真工作，甚至也賺不到足以生活的收入。

現在回頭看，我認為那正是我對父親的復仇。

對於期望他愛我，卻無法如我所願的父親，我想要告訴他：「因為你錯誤的養育方式，讓我即使長大成人，也無法好好存錢。」這一切都是你害的。

總是以金錢為由而放棄想做的事

我發現，有不少人會以金錢為由而放棄某些事物。

我曾向來參加自我成長課程的學員詢問道：「對你來說，理想的人生是什麼？」「一年後，你想過著怎麼樣的生活呢？」

對於我的提問，居然有不少人即使努力想要回答，卻受到目前經濟狀況所侷限，而無法說出自己的理想與夢想，最終，不少人只能說出與現狀無異的答案。

我認為，原因在於，**他們在幼年時，父親總告誡他們「這個不行」「那個不准」，一直受到限制，因而從中習得「我什麼都做不到」的無力感，導致他們不知道自己真正的想望**。

另一方面，我也認為，父親本人有可能也懷抱著「因為要照顧全家人，所以我不能放手去做我真正想做的事（無法花錢）」的想法。

孩子將父親這樣的模樣看在眼裡，並在不知不覺間烙印在腦中，認為「把錢花費在自己喜愛的事物上是不對的」。

因為「以我現在的經濟狀況，我只能將就」「我能做到的就只有這樣而已」

等侷限自身發展可能性的思考模式，使得這類人忘卻了自己的可能性。

不會管理金錢

在我的個案中，有不少人都是一想到金錢就覺得痛苦，或是不擅長管理金錢。當他們在接受療癒的過程中，會慢慢想起，年幼時，因為父親對金錢所抱持的負面想法所感受到的經驗。

也就是說，他們是在戰後出生的昭和世代父母親身邊，接受了「清貧生活是好事」的清貧思想長大的。

我自己也是，在孩童時代，每年收到紅包或零用錢時，只要打開來數錢，父親就會指責我說：「你拿到錢就換了一副嘴臉，看起來真討厭。」

因為父親的那番話，我感受到「拿到錢不能感到喜悅，會被人討厭」，所以長期以來，只要想到錢，我就壓力滿滿。

我猜想，跟我有類似經驗的人肯定不少。

這個人生軼事為我帶來極大影響，因此，我在成為自由工作者之後，每當要報價給業主就苦惱不已。因為我總會想著：「我不該拿到這麼多錢，我不值得。」

另外，有些人會自信滿滿地說：「錢不是好東西。」我覺得，那跟不明瞭自己的人生計劃相同。在某種意義上來說，這就叫做自我忽視。

這類型人不但無法珍視自己，還會假裝對金錢無知才是人上人，佯裝自己很美好等等。

跟主管不合

前面已經提到過，我自己本身就是跟主管合不來的類型。

主管＝上級＝父母的象徵。因為是跟工作相關，所以，如果你跟主管合不來，原因極有可能在於，你跟父親的關係並不好。

我自己以前就是，只要想到要跟主管互動就莫名感到害怕。擔心萬一被主管說了什麼，自己會很受傷，因此在內心築起了高牆。

甚且，每每在工作上一被稍微指正，我就會莫名地放大處理，總是過於沮喪。

現在回想起來就明白，當時上司明明只是單純地指正我的工作，我卻覺得那是在全盤否認我個人的人格。

我認為，**在父親高壓下成長的人，或多或少都不知該如何應對年長的男性。**

一旦陷入這種模式中，在年輕時期尤其會大為損失。

因為，在工作上會提拔我們、會教導我們的畢竟就是主管。一旦你對與主管互動感到力不從心，那麼對方必然也會有所察覺。

結果就是，不但工作無法順利，繼續待在職場上也很痛苦，最後，當你仍在躊躇猶豫著，其他同事們卻早已在工作上取得成果。這恐怕就等同於在工作上掐住了自己的脖子，得不償失。

一想到明天也要上班就感到厭煩

曾有個案來找我諮詢，他說：「雖然我明白要工作才能維持生活，但我實在很討厭我的工作，並為此心情沉重，該怎麼辦？」

這類型人多數會說出「父親工作的背影看來很辛苦」這類話來。

其中，**不乏有人會接著說，當時父親還會抱怨地說：「為了養育你們，我才須要這麼辛苦工作」「我這麼辛苦，你們給我感恩點」等等。**

這麼一來，孩子們多半會對工作這件事抱持著負面想法。

一旦長大成人踏入社會後，就會對工作感到厭煩，於是現實也會變得如自己所想的那樣。

在心理學中，精神科醫師瑞克・伯恩（Eric Berne）以提倡「溝通分析（Transactional Analysis）」理論著名，他也以「孩子是父母的錄音機」這種說法來表示親子關係。

由此可知，孩子看待父母的方式會為他人生的各領域帶來影響。

覺得自己能力不足

一般自我價值不高的人多懷有這樣的煩惱。

比方說，即使學業成績已經比一般人還要好，**卻因為來自父母的壓力而被迫進入升學學校，而且不論多麼努力都只能將成績維持在中段，卻遭父母責問：「你考這什麼排名？」這樣的人經常會有自我價值低落的傾向**。

明明從他人眼光看來，他是一個很有能力的人，但他本人就是無法認可自己的能力，所以一直深感困擾。同樣的狀況也會發生在工作層面上。

以前，我也曾煩惱於自己的能力低落。尤其出了社會後，當我發現自己無法與老闆、主管溝通，這更是令我震驚。

當時我是負責業務員的工作，而對業務員來說，溝通就等同於生命般重要，然而由於我對父親的情結，造成我完全無法應對年紀大的客戶。

現在我明白，其實只要敞開心胸就沒問題，但對當時的我來說，只要眼前出現年紀大的客戶，我就會變得畏縮不前。

找不出工作的意義

對於從小父親就很嚴格、總是在方方面面受到限制的人來說，進入職場工作後，尤其**常可見到他們多數曾被別人說過：「只要你喜歡，什麼都做得到。」**

如果讓他們聊聊孩童時期，他們會說，父親總是關注小細節，不斷說教，而且也不容許他們冒險。

等這些孩子們長大進入社會工作後，來自父親的各種限制就會傾巢而出。一旦向父親表明想要進入創投公司工作，那可不得了。父親會說出：「你在說什麼傻話，那種像夢一樣的東西就不要說出口了。」來要求他們放棄。因為父親們對於創投企業懷抱有「那只不過是年輕人的遊戲，不能當作正職」的固執想法。

像這樣，只要他們一直受到父親的各種限制，就算有想要實現的事，心中也會直接認為自己根本做不到。因為，他們打心底就否決了自己想做的事。由於打心底就否定自己，所以，對自己正在從事的工作也會抱持否定的想法，無法看出工作的價值。

工作總是沒有成就感

在工作上無法有成就這件事就如同我至今所說過的，原因很複雜，是各種原因所造成的，例如「無法與主管好好相處」「工作沒有衝勁」「找不出工作的價值」等等。

只要心裡是對工作或金錢有所抗拒的，應該就無法在工作上獲得成就感。

比方說，開車時若拉起了手煞車，就算踩了油門，車子也無法前進，兩者情況是相同的。

與女性性相關的檢核項目

伴侶關係總是不長久

我認為，伴侶關係不長久的原因在於，過度執著於特定的人際關係。

因為，有些人會因為未能從母親那裡得到想要的愛而懷抱缺憾，於是不斷想要從伴侶關係中得到滿足。

當我們出現病態的金錢欲、愛欲與瘋狂購物欲，極有可能是因為想要療癒與母親關係間所受到的傷害，或是為了逃避那樣的傷害。

在我的個案中，有許多人是母親不太表達愛意，使他們無法從中得到滿足的。

對孩子來說，母親通常是與孩子接觸頻率最高的，自然也最得孩子的信賴。

⦚ 與「女性性」相關的檢核項目

- □伴侶關係總是不長久
- □不善長經營伴侶關係
- □人際關係總是無法深入
- □過於想要回應他人期待
- □不喜歡自己
- □在意他人眼光
- □被問及「你幸福嗎」時，無法馬上回答
- □對目前的生活總有些不滿意
- □每天都莫名地焦慮
- □覺得自己的未來很灰暗

若原本該是愛的基礎的存在，卻無法從那處得到愛的感覺，人就容易執著於戀愛等特殊關係的對象上。

不擅長經營伴侶關係

雖然不是對戀愛沒興趣，但有人就是會避免自己跟別人有更深一層的關係。我認為原因就在於，**自小父母感情不睦，經常吵架，或是父親對母親家暴，或是母親老是跟孩子們說父親的壞話等等。許多個案都有分享自己這類的經驗。**

以下是我從一位四十多歲朋友那裡聽到的故事。那位朋友有個大學時代的女性朋友，臉上總是掛著笑容、很體貼，所以受到許多男性的青睞。

我們假設那位女性朋友的名字叫惠理子。

這樣的惠理子總是跟身邊的男性保持距離，從來不會跟某位男性有更進一步的關係。我的朋友說，他覺得惠理子受到她父母關係的影響很大。

據朋友說，惠理子的父親與外祖父從事相同職業，兩人都是社經地位很高的人。不知道是否因為兩人的自尊都很高，經常互相較勁，因此兩人關係很糟。

氣憤的父親會對惠理子的母親出言恐嚇道：「就算要我跟妳還有惠理子斷

絕關係，我也不會向對方屈服！」

朋友說，惠理子看著母親夾在自己父親與丈夫之間努力緩頰的身影，因而認為伴侶關係只會帶來辛苦。

人際關係總是無法深入

有些人不須要與人粘膩在一起，懂得保持良好界線、不隨意侵入他人領域，卻也能與他人構築親密關係。跟他在一起就令人感到開心，也能感覺到打心底流淌出來的溫暖。

我的個案中，有許多人都希望自己能成為這樣的人，但卻因為做不到而感到困擾。

這些個案經常處於這樣的狀態：一旦與人關係更深入、變得互相依賴時，就感到痛苦，因此總是與人保持距離，有一搭沒一搭地與人互動。最後變成總感覺到自己是獨自一人，總是孤單度日。

我認為，原因就出在他們對母親的不信任感。

當孩子發現母親根本無法理解自己、無法給出自己想要的愛、想要獲得她的稱讚卻總是被貶低等，明明本該要最愛自己的母親，卻無法好好對待自己，這時就引起了孩子對母親的不信任感。

一旦這種長期養成的不信任感根植心中，即使孩子長大成人，也會在各種狀態中想起這種不信任感，為人際關係帶來負面影響。

淳子（五十一歲）很怕生，總是無法與人自在互動。她在養育孩子時，總是眼看著其他媽媽們能互相支持，而且似乎相處愉快，而自己卻只能在一旁羨慕不已。

我聆聽淳子聊起自己的年幼時期後得知，在她小時候，媽媽總是把自己姐妹，也就是阿姨們的需求優先於她，這樣的作為常讓她感到孤單。

淳子只感覺到「母親愛自己的姐妹更勝過自己」，因此，她發現自己並未從母親那裡得到充分的愛。

當孩子在與母親關係淡薄、無法與其他人有深入的人際交流下長大，有可能會更加深孤獨感。我認為，淳子就是這類型的人。

過於想要回應他人期待

明明不是自己的職責，但有些人卻會勉強自己、即使犧牲自己也要接下不屬於自己的工作。

他們太想要回應他人期待，以致於如此。

每當我遇見這類型的人，都不免會想著：「他們一定是自幼就想要成為母親想要他們成為的人。」

只要回應母親的期待，就不會遭受斥責與讓她失望。或許偶爾他們是會受到母親所讚賞的。

一旦這樣的行為模式成為慣性，即使長大成人，也無法為自己畫界線，拒絕他人所交托的事。

因此，**他們會把自我的存在價值等同於「回應他人的期望」**。

在回應他人期望這件事上，他們會試圖讓自己吻合對方的要求與價值觀。然而，只要他們忽略自己的能力且無法顧及自己的狀況，只是**拚命地想要回應對方的需求，人生就會變成只以他人為中心**。

友美（三十六歲）就是這樣一個人。

她經常遭遇以下情況：完全無法拒絕別人請託的事，甚至會主動去接下別人請託的事。所以，她的同事、朋友們總能輕易地拜託到友美小姐幫忙。

友美為此而感到疲累，並對讀小學的女兒擺出了非常嚴厲的態度，嚴重到連她自己都感覺不妙，因此來找我諮詢。

我聆聽完友美幼年時期的故事後，果然如我所預想的，她是個以母親的話為聖旨的乖小孩。當時，她的父母感情不睦，為了讓母親開心，於是她會放下自己的事，優先處理家事。

在友美心中，即使到了現在，那個孩童時期「未被療癒的孩子」，仍舊要求她要如同對待母親般地回應他人的期望。

不喜歡自己

不喜歡自己的人超乎想像地多，許多人都苦惱於無法肯定自己。

「為什麼我會變得這麼嚴厲？」

「我根本一點用也沒有！」

「無論做什麼都失敗……」

即使旁人不這麼看待他們，他們仍舊抱持著「我真是討厭這樣無用的自己」的信念，完全不聽他人的勸說。我認為，**他們多數有「無法感受到母親的愛」**的傾向。

一般人都以為母親是能持續不斷地給出無條件的愛。然而就算是這樣，表現愛的方式也因人而異。

其中，有的母親因為害羞而無法將愛說出口，也有的母親個性大而化之，無法明確表現出愛。

如果孩子因此而誤以為這就是母愛不足，對自己失去信心，就會厭惡並嫌棄自己。

在意他人眼光

雖然我認為這樣的情況跟自我價值低落有關，但我的個案中，有不少人是只在乎他人對自己的看法，並為此感到困惑。

這類人一旦對自己沒有自信，他們就會想著：「我是不是做錯了」「我有沒有做出讓人困擾的事情呢」，像這樣對自己的行為全然沒有信心。

無論做什麼都很在意在他人的眼光，不斷緊逼著自己，擔心著「我有沒有很輕浮」「別人是不是討厭我」。

可以說，他們之所以會有這樣的想法是因為受到自幼跟母親的關係所影響。

如果母親的個性過於糾結在細節上，總是逐一檢討孩子的一舉一動，孩

子就會變得畏縮而無法伸展。

孩子們會一直觀察著母親，想著她怎麼看待自己、會不會被母親討厭，一直這樣戰戰兢兢地察言觀色。

即使長大成人，也無法擺脫這樣的思考模式，老是想著別人會怎麼看待自己而在意不已。

被問及「你幸福嗎」時，無法馬上回答

明明有分穩定的工作、有家人和朋友在身旁、雖然不富裕但也不窮困，客觀來說，生活並不匱乏。

然而，當被問到「你幸福嗎」，卻無法立刻給出肯定的回答。

我想，有這種情況的人應該很多。

我認為，原因就在於，這類型人總是先著眼於「我目前所不足的，而不是我已經擁有的」這樣的思考模式中。

當人並不是在無條件的母愛中成長，很容易出現這樣的思考模式。心裡的某處存有「就是因為自己不好，所以才無法獲得父母足夠的愛」這樣的想法。

因此，他們在思考幸福這件事時，會想著：「雖然我現在有〇〇，但因為我還沒▽▽，所以還不算幸福。」認為幸福是有條件的。

另外，有可能是他們的母親自己就不認為自己是幸福的，導致孩子們也有這樣的想法。

對大多數孩子們來說，母親是長期接觸的對象，也是最一開始的人生範本。如果老是看著母親不幸的身影，孩子也無法對人生產生幸福的想像。

對目前生活總有些不滿意

我認為比前一節「回答不出自己幸福與否」更糟糕的是，對現在生活完全不滿意的人。這類型人，很容易在生活中不斷遭遇麻煩。

他們或是會才剛解決人際關係的問題，馬上工作上就出問題，才剛解決工作上問題，金錢上又出現破口。

究其原因，我認為，原因就在「這類人的生活方式是只關注自己的問題」。

他們母親的個性挑惕難纏，老是盯著細節責罵孩子，或是因為過於擔心，而總是幫孩子事先張羅一切，如此一來，當孩子長大，就容易變得也這樣對待自己。

因為處處關照「這個還沒做好」「那個也還不行」而感到疲累，然後又指責自己「為什麼我的生活會這麼慌亂忙碌，無法有片刻安穩」。

每天都莫名地焦慮

不單只是對身邊的人或事，就連跟自己不相關的事也感到焦慮不安、煩躁，我的個案中不乏這樣的人。

我甚至認為，在世界上這樣的人不在少數。當社群軟體興盛，任何人都能自由地上網抒發己見，就會出現空穴來風、無端指責的問題。

太過專注於他人的過錯、總是對「看來不得體的人」發出激烈的批判等等。可以想見，這類人打心底覺得自己的人生不得志、總是在谷底，才出現了這樣的舉動。

或許**這是因為無法從母親那裡得到充分的愛＝自己是損失的這樣的心態，這些人才會對那些看來是人生勝利組的人湧現恨意**。

我認為，越是認為自己不走運的人，越容易把眼光放在其他人過太爽這件事上。實際上，每個人都有無法對他人展現或說出口的煩惱，但是認為自己不走運的人只能著眼於表面，無法換個角度去看待。

於是，他們就只能不斷地在毫無意義的焦躁中過日子。

覺得自己的未來很灰暗

當母親總是口裡說著「我們不是什麼好人家」「你也不是什麼天才」「爸爸也已經年過五十」等，這些話語會在不知不覺中滲入孩子的腦海裡，讓他們認為自己的人生實在不算什麼。

如果說，當母親自己對自己的家庭與家族有所評價，會影響孩子看待自己人生的可能性，這樣說一點也不誇張。

母親的無心話語會毀滅孩子的人生可能性，我曾見聞過許多這樣的實例。

父母世代有著舊思維與舊價值觀，他們可能會想：「人生是嚴苛的，我希望孩子要更能認清現實的殘酷。」

雖然人生不會總是充滿歡樂，然而不品嚐現實的殘酷是不會帶來成功的，這是事實。

但是，我們也不能因此而否定人必須對未來懷抱期望。

當孩子受到父母親對於「未來並不光明」的價值觀負面影響，他們很容易就認為，自己的人生只會發生負面的事。

那麼在本章中，我已經詳細說明了關於父母帶來的負面影響。

為了讓各位讀者理解，我以「與父親的關係↓影響工作與金錢」「與母親的關係↓影響人際溝通與愛的表現能力」的方式說明。然而，任何人都具有「男性性」「女性性」兩面，所以，有些時候無法用這樣的方式斷然分開看。

希望各位在讀這些段落時，檢視自己與父母的關係，然後適度地帶入父親與母親的部分來理解比較好。

下一章，我將帶各位思考，從之所以無法有良好親子關係的原因來看看，從父母那裡獨立所帶來真正意義上的好處。

第三章

消除煩惱的「捨棄父母阻礙」的建議

父母也被舊有價值觀所綁架

可以說，我們在不自覺間，在無意識的層次上，受到來自父母的巨大影響。

然而我發現，正是因為我們身處東亞，所以那樣的情況更為顯著。各位記得在國中或高中時，我們都要學習儒家思想嗎？

儒家是西元前東周春秋時代，以魯國孔子為首所興起的團體。在中國興盛的儒家思想後來傳到了韓國與日本，我們因而受到強烈影響。

儒家思想中，除了君臣的秩序、長幼有序、忠孝、孝順父母等觀念，還有現在已經不太合時宜的「男性的立場高於女性」的教義。

以受到這樣的影響為前提，接下來，我要說明**日本的家族關係、親子關係中有怎樣不舒服的感覺，或是為什麼父母世代會有這些舊時代的思維呢？**

實際上，「照顧父母是孩子的責任」這個想法，現在還殘留在東亞各地。

然而，與歐美人們交流接觸後就會發現，他們沒有這樣的想法。

我認為，這是因為日本明治政府在太平洋戰爭中戰敗後，聯合國軍隊最高司令官總司令要求我們廢止「家制度」之前，日本已經受到極深刻影響。

所謂的家制度是指，身為戶主的家長擁有絕對權力的「家父長制」，在這種制度下規定，未獲家長同意的婚姻是不受認可的、家長過世時要由長男繼承所有遺產等。

令人訝異的是，類似的想法，甚至連家人的樣貌該如何，在這個時代居然有規定在實際法律中。

即使是現在，大家所說的**「長男該如何」「明明是長男」云云，追究其根源，應該大家都認同是受到儒家的影響。**

然而，最受那種古老教條影響的要算是我們的父母世代。

我們的父母或許也被他們的父母強迫著接受古老價值觀，如「要繼承○○家的衣缽」「我們家只有女兒，沒有人可以繼承，真是遺憾」等等。

如果往前說到父母的父母的世代，那應該是更強調「家制度」想法的僵固時代，理應比我們還要來得嚴苛許多。

由於，那是個我們父母也不會與自己父母有深刻互動經驗的時代，所以，他們對待孩子的方法有所扭曲也是正常的。

把父母當成與我們不同的生物

在日本有幾種說法來形容年輕世代，諸如寬緩世代、Z世代。

所謂的寬緩世代是指出生於一九九六年到二〇〇五年，經驗過日本政府所實施的「脫．和緩教育」的族群；而Z世代是指自出生以來，就經驗網路普及、數位時代的人們。

我在接觸這類語詞時，**都會想起我的父母們是「棒球世代」，而我自己則是「足球世代」**。

在我的父母小時候，廣受歡迎的運動是棒球。

然而到了我的孩提時代，則是由足球取代棒球。

無論是棒球還是足球，都絕對沒有孰優孰劣的情況。棒球有棒球的好，足球有足球的優點。

原因在於，這兩種運動的規則截然不同。

所謂父母與子女的關係，我認為也像那樣。

對父母來說，一提到運動就想到棒球，那就是父母的價值觀。父母長期固守著當時代流行的價值觀，當然會以為孩子也應該同樣擁有那樣的價值觀。

但是，從孩子的世代來看，就會是「不不，現在已經不是棒球時代了呦」「現在受歡迎的是足球」。

面對這樣的父母，孩子難免會想著：「明明現在流行的是足球，為什麼總是要說棒球才是全部、棒球第一、棒球萬歲呢？怎麼不想想喜歡足球的我現在在想什麼呢？」

這樣的情況就如同某人明明打算要踢足球，父母卻給了他棒球帽跟球棒給他擊球。

父母的價值觀與孩子的價值觀不一致，孩子熱愛的運動明明跟父母的不同，卻硬要孩子遵守錯誤的運動規則，我認為這並不妥當。

不將親子關係當成是「個人的故事」

事實是，正是因為有了父母，才有今天這個稱為自己的人。我們繼承了來自父母的基因。

因此，我們會設法想要將親子關係以個人的故事加以完結，所以會打從心底生出「他們不理解我」的不滿。

如果把觀點更擴大一點來看，因為生長時代背景的不同，人們對事情的看法與價值觀自然會有所不同，如果因此而無法互相理解，那也還滿合理的。

比方說，我的父親是屬於一九六四年東京奧運的國運昌隆世代。只要說起「東京奧運」，立刻就能記起當年熱血的回憶。

另一方面，對我來說，所謂的東京奧運則是指二〇二一年在東京舉辦的奧運。我只記得因為新冠肺炎的種種擔心與限制，最終是在勉強的情況下舉辦了沒有觀眾的奧運。

像這樣，我跟父母所經驗的社會事件與時代背景全然不同。因為世代差異，親子們從根本的認知上就不同，在互相指責「對方不理解我」時，**就像是針對不同運動項目來試圖分出孰優孰劣一般**。

正是因為生長時代雖然看來相近，卻全然不同，彼此才會產生出無法互相理解的不滿。說得更極端一點，就是把父母當成是江戶時代的古代人就好。因為江戶時代的人跟出生於現代的我們，在價值觀與想法上有差異是再自然不過的呀。

我們也對父母過度要求了

不知道各位有沒有發現，父母對待孩子時會使用強勢立場來要求孩子「你非得做這些」「你得要做那些」，相對的，孩子實際上也對父母提出了相當無理的要求。

我自己也是這樣。**因此我認為，多數的孩子們都把父母對自己所做的一切當成理所當然。**

大多數的例子顯示，父母對孩子有「孩子本來就該聽父母的話」這種想法，而孩子對父母也有「父母養育孩子本來就是天經地義」「孩子去上學，父母本該支付學費」的想法。

然而，試著思考就會發現，**父母為孩子們做了非常了不起的事。**

雖然事實是「孩子又不是自己想出生才誕生於世上的」「是父母想要孩子才

生下孩子，負起照顧之責本就應該」，但，養育一個孩子所耗費的勞力與時間還有金錢可不是件簡單的事。

新生於世的嬰孩，每一分每一秒都須要有人照顧。無論是攝取營養或是處理排泄物、體溫管理等都須要父母協助。而這種一刻也不能離開父母身邊的狀態會持續數年時間。

重點是，父母用全心力照顧我們的時期，我們可是一點也不記得。

倒不如說，在我們長智慧後，就只記得「父母沒能為我們做的事」，而不是「他們為了我們所做的事」。

連我也想知道，為什麼孩子對於父母會充滿了受害者意識？

為什麼我們老是會細數著「父母沒為我做○○」「我明明希望父母做▽▽，他們為什麼沒辦法察覺我想要的」等等。

我認為，原因在於，「因為我是孩子，所以他們應該要為我做那些」的想法。

我們的想法宛如暴君般：因為他們是父母，所以應該要理解孩子的心情、他們本來就該給我們所需要的愛、父母本來就該做孩子期望的事……

沒能為我們實現想望的父母是最糟糕的，我沒能受到父母恩澤，所以我是不幸運的人。

這一切都來自這個想法。

順帶一提，之前提到的「父母扭蛋」是指，如同我們去轉扭蛋機試手氣一樣，你會有怎麼樣的父母也像轉扭蛋機時一樣，有好運與壞運之別，孩子的人生也因此有不同的開展（但這個詞通常指負面意思）。

然而，**只要把觀點拉遠一點來看，各位應該就能察覺到，無論是父母或是孩子，立場都是同樣的**。

因為，我們會對父母要求超出他們能力以上的要求，並對他們沒能滿足自己期待這點牢記在心。

要記得，父母雖說是比我們早出生數十年，但他們所經驗的事也有限。他們並不是受到完美人格教育的人。

跟我們一樣，他們也會對金錢、工作、人際關係與戀愛等煩惱不已，只是他們跟與自己擁有相同煩惱的人結合，然後生下孩子，成為了父母。

首先，請正視這樣的事實。

父母並不是人生的大師。他們跟各位一樣，有煩惱、傷心，是迷惘度過每一天的平凡人。

自己所看到的「父母樣貌」未必為真

前一節提到，許多人對父母的印象其實都有偏頗。

多數情況下，我們對父母的埋怨會自顧自地解讀為「他們就是這樣的人」。

實際上，同一對父母所生的孩子們之間，對父母的印象也會有差異，感到受傷的點也不同。

因為人只會看自己想要看到的那些面向。

前些天，我的朋友跟我提到一件饒富趣味的事。她是陽子小姐，五十六歲，是三姐妹中的大姐，雙親已經離開人世。

陽子跟母親的關係並不好，她總是羨慕跟母親關係良好的大妹美智子。

陽子的母親很喜歡訂製和服，她希望三個女兒都能穿著訂製和服，所以在陽子結婚時、成人式時都特別訂製新的和服給她。

然而，陽子對此並不感到開心，因為她想在結婚時穿著能換裝的禮服，所以對於母親的好意，她這樣解讀：「媽媽只會做些多餘的事妨礙我，讓我不能有個理想中的婚禮。」

數十年後，陽子從妹妹美智子那裡聽到令她感到驚訝的事。

「不只是妳成人式那天，連妳結婚那天，媽媽也訂製了和服給妳。當我知道那件事時大哭了一場，怪媽媽怎麼只對妳偏心。」

「什麼，竟然有這種事？對我來說，結婚那套和服根本沒令我開心，反而讓我很困擾。當時我只有想著，她幹嘛那麼雞婆。而且，那個和服根本不只是我一個人的，而是我們三姐妹的呀！」陽子辯解道。

這時她們才意識到，原來彼此都在為了母親比較愛誰而互相嫉妒。

有時候，手足間會為了父母比較愛其他手足，而深感受傷。

當長子長女的人容易懷抱這樣的不滿：「父母對我非常嚴格，對弟妹卻很寬容」「因為我是哥哥、姐姐，所以都要求我要乖乖聽話」等。

而身為老二的孩子則常會有這樣的不滿：「上面的哥哥（姊姊）是第一個孩子，所以爸媽很疼愛，底下的弟弟（妹妹）是老么，所以很受寵。我呢？爹不疼娘不愛啊。」老么則常有這樣的不滿：「對父母來說，我前面已經有了其他小孩，所以小孩對他們來說已經不稀奇，因此我的照片最少，哥哥姐姐的照片就是比我還多。」

因為每個人都認為只有自己最不受疼愛，太慘了。

然而，造成這樣結果的原因卻極有可能只是當事人想太多。

人對事情的看法就是很容易只有一個觀點。事實上，**真實的父母樣貌根本跟自己所想像的可能全然不一樣**。

孩子可能也無法離開父母

如果是整個社會都貧窮、匱乏的時代，那麼小孩就非得要被迫成為大人。

然而，現今時代的狀況是正職工作門檻很高，所以，有不少年輕人被迫只得以兼職的身分工作，而且無法獲得像樣的年收入。結果反而變成父母比較有經濟能力，使得他們只好一直依賴父母。

另外，**不只是經濟層面，連心理層面上，也是「孩子離不開父母」的狀況多於「父母離不開孩子」的狀況**。

以下就說說我從年過四十五歲的惠美小姐那裡聽到的狀況。

惠美的父親已經去世，母親現在是獨居狀態。她與兄弟姐妹商量過後，大家決定以由惠美與母親同居的方式，買一間公寓供她們兩人居住。惠美認為，這樣

可以好好照顧母親，於是接受了這樣的決定

然而，當她正式與母親同住後，卻總是為了小事而與母親起紛爭。惠美說：

「我就是感覺不到母親對我的謝意，並為此感到焦躁。」

她說，自己為了與母親同住而捨棄生活便利的都市，搬遷到郊外的公寓裡，明明她都甘願忍受長時間的通勤了，但母親卻連一個謝字都不說，反而還老說自己是被硬帶到這個鬼地方來。

後來，惠美逐漸感到壓力增大，再也不願忍耐與母親一同生活，決定要與母親分開居住。當她戰戰兢兢地說出：「我們還是分開住吧。」母親不但沒有露出失落的表情，反而很開心。

據說，她母親是這麼跟她說的：「自從跟妳同住後，我感到最難受的是，跟我長久往來的朋友們都一一離我遠去。」

這時她才理解到，**父母有自己長久經營的人際關係，而那對母親來說，非常重要**。

惠美說，這件事後她深刻體會到，「與年老父母同住是最大的孝順之道」這個想法是多麼的自我感覺良好。

另外，我也從已婚、有小孩的三十多歲美紅小姐那裡聽到前所未聞的故事。美紅於二〇一九年生下兒子。不論是對自己娘家還是對婆家來說，兒子都是長孫。其中，美紅的母親有五個孩子，是個喜歡小孩的人。即使長大後，美紅跟自己的兄弟姐妹們回娘家，都還是會爭搶著與母親同睡，令孫子們都好生羨慕。由於自己最溫柔、最愛的母親是如此樂於生育，所以美紅希望自己能回鄉生產，生產完後到該回家的這段時間都能有母親在旁陪伴，協助育兒。

然而，母親的作為卻與她所設想的大大不同。母親爽快地說出：「妳從小就是個獨立自主的孩子，一定可以克服困難。請多努力。」並且交代若是沒什麼重要的事就不須要聯絡了。

作為孩子，很容易就認為「自己的父母會想要看孫子」「把孫子交給父母照顧也是一種孝順」，但這則小故事告訴我們，那充其量只是我們自以為是的想像罷了。

絕對不要企圖讓父母跟你道歉

假設，你無論如何都無法原諒你的父母，無論如何都要父母跟你道歉。

即便你已經下定決心要父母跟你道歉，甚至鐵了心地說：**「因為你們當初那樣說，對我造成了這樣的傷害，我一直懷抱著那樣的傷害活到現在，希望你們跟我道歉。」也不會解決任何事。**

對父母翻舊帳，強迫他們道歉，十之八九會得到他們這樣的回應：「都這個時候了，你在說什麼？」結果只會讓你更生氣。

我也有這樣的經驗。剛開始學習心理學時，我正在做一個關於療癒「心中尚未被療癒的自己＝內在孩童」的練習。

那時，我在做一個「把對父母的怨恨寫出來」的「寫出不幸的信」的練習（下一章會介紹），突然就很想直接對父親說出我的想法。

因此，我毫不保留地對父親這樣說。

「我從小就被身為父親的你所壓抑著。」

「因此，你知道我受到多少傷害嗎？」

「我現在還常受到當時的影響，感到非常痛苦。」

「都是因為你，我長久以來都活得不像自己。」等等。

對此，**我父親的反應只有一句話：「都已經是這種時候了，你知道你在說什麼嗎？」**

站在父親的立場，他對我所做的一切，都是他認為最好的選擇，所以才會對我說：「你有什麼好抱怨的？」「說到底，你現在回頭說這些是想要怎樣？」

從這個經驗中，我學到的是，跟父母發怒是絕對無法療癒自己的。我也發現，**這麼做也只是在強化「對方是壞人，我是好人」的意象，充其量只是任性地說出「我才是對的」的想法而已。**

當時我想，只要父親不認錯，我就不會善罷甘休。

五十二歲的優加利小姐也跟我有同樣的經驗。她是獨生女，從小受到母親的強烈控制與干涉。

母親尤其對她戀愛這件事非常執著，在那個還沒有手機的年代，只要有男性打電話來家裡，母親就會對優加利追問到底，最後留下一句「絕對不准跟他交往」的警告。

她一邊感覺母親的作為有哪裡不對勁，一邊也只能順從母親，直到過了四十歲的某一天，母親的一句「都是因為妳沒有結婚，我才沒有機會看到我的孫子」引爆了她內在的情緒。

優加利含著眼淚控訴母親說：「我就是因為聽妳的話，才沒辦法跟別人交往。我這麼聽話，妳現在說這些是什麼意思！」

對此，母親的反應竟然是：「咦，是這樣嗎?我怎麼都不記得了呢？」冷言以對。

對於母親「到底關我什麼事」態度，優加利深受傷害。

所以現在才正應該考慮「捨棄父母阻礙」

現在要求父母跟我們道歉，我們也沒辦法解開心結，當然更不可能讓時光倒轉，讓人生重來一次。

那麼，為了療癒父母在我們成長期間帶來的傷害，為了要「捨棄父母阻礙」，以自己的價值觀來活出自己的人生，該怎麼做才好呢？

我自己實際實踐並獲得極大效果的，就是本書中一再提及的「捨棄父母阻礙的練習」。

「捨棄父母」這幾個字聽起來刺耳，但內容卻極其簡單。

我們只要捨棄對父母的既定想法，看見真實的他們就好。

因為，你覺得受傷的那些事件，充其量只是你的主觀看法而已。

如同任何事情都有正反兩面，你從父母那裡受過的傷，必定同樣也曾讓你「受惠」。

雖說如此，你一定會想著：「那樣令人厭煩的事件，怎麼可能會讓我受惠？」

然而，當你能以客觀角度來思考當時的事件，一定能看出「啊，這麼說來，就是那件事才讓我今天有這樣的能力」。

你將能看到父母的另一種樣貌

以我的狀況為例，我自己覺得，我的父親未能像其他父親一樣，與孩子間做出如朋友般令人安心地互動、經常與孩子同樂是一件令我悲傷的事。

我的父親是一名忙碌的上班族，所以平日總埋頭工作。一到假日，我就被規定要讀書，還要學習足球與英語等才藝。他對我來說就是個專制的君王，我只能聽命行事。

當我偶爾想像朋友一樣親近他，就會惹怒他。他會怒吼說：「你這什麼對待父母的態度！」

對於這樣的父親，我著實厭棄到無以復加。

然而，當我開始練習「捨棄父母阻礙」，竟然能用另一種眼光看待這個既頑固又嚴格、守舊的父親。

我的父親出生於一九四五年末，是個生來就沒有父親的孩子。幼年時，他跟隨母親住在母親娘家，與母親的手足也就是他的阿姨、舅舅同住。後來母親再婚，他只好繼續住在阿姨、舅舅家，非常孤單。

也就是說，我的父親沒有跟自己父親相處互動的經驗，他在這樣的狀態下長到某個年紀，之後才開始與繼父共同生活。

而且當時，家裡的經濟狀況並不富裕。

所幸，我的父親頭腦靈活又有超乎常人的耐性。雖然當時升學率不高，但父親卻能靠獎學金完成了大學學業，後來進入一流企業就職。

這樣的經歷對父親來說，應該是一個成功體驗。

當我能用「捨棄父母阻礙」的觀點，更客觀一點看待父親，**父親前半生的經歷與對我所採取的態度，完全可以像拼圖般對得上**。

我開始明白，父親對待我的方式就是他自己在孩提時代，希望父親能對待他的方式。他已經用盡了全力。

確實，父親沒能用輕鬆的態度與我相處。

然而，我也能明白，因為父親在他的人生中感受到受教育的重要性，因此他盡力讓我能受到最好的教育。

對身為他孩子的我來說，我期望的父愛展現是父親能夠跟自己玩樂。只不過，對於自小苦學長大的父親來說，能夠提供最好的教育環境才是他愛我的方式。他希望我長大後不要因為所受教育不足而吃苦。

另外，雖然我認為「他從來沒有帶我去過哪裡遊玩」，但仔細想來，當他派駐新加坡，我們也曾一同到其他國家玩樂。

雖然他不是那種會帶著我去遊樂園或是遊戲中心一起玩樂的父親，但他確實曾經帶我到泰國、馬來西亞等周邊國家去，參觀著名的博物館或是歷史遺跡，試圖讓我增廣見聞與知識。

我尤其感覺到他非常在意「孩子有機會能與歷史的瞬間相遇」。

我現在仍印象深刻的是一九九七年十一月時，他帶我去馬來西亞的新山市觀看日本足球代表隊初次參加世界盃足球比賽。

日本人稱為「新山市的驕傲」這件事，父親之後也經常提起：「參與那樣的歷史性瞬間，在你長大成人後將會是個寶藏喔。」我能感受到父親的恩澤。

這是大約我小學時所發生的事，雖然當時我不能理解其中意義，但那場比賽卻是日本足球史上最知名的賽事之一，我隨時都能記起片段。

長大成人的我現在已經能轉念想著：「原來如此，託父親的福，我才能看見重要的歷史畫面，真是感謝！」

我們從父母那裡得到太多禮物

自從我開始進練習「捨棄父母阻礙」，**我發現，原來我從討厭的父親那裡得到了那麼多正面的禮物**。

我得到了英語能力。因為小時候住過新加坡，那時很扎實地學習了英語。而且不單只是日常會話，我連文法都學得很扎實。

雖然對小時候的我來說，只感覺到痛苦。當時的我並不知道，因為穩紮穩打地學習英語，為我之後的人生帶來多大的助益。

那些海外歸國的子女之中，有不少人是英語會話可以，但英文文法亂七八糟的。也有不少人是可以說英文，但卻不到能運用在工作上。

然而，多虧了父親的嚴格，我才能藉由兼職教日本人英語，順利完成高中、大學的學業。自由的時間長，時薪又高，真的幫了我很大的忙。

小時候的我，還被強迫去學習足球。雖然足球本身很有趣，但我不擅長與人競爭，內心經歷很多掙扎。然而不知為何，父親對足球情有獨鍾，總是會來看我的足球比賽。

比賽時，只要我稍有失誤，賽後，一定會被他狠狠責罵，所以當時的我不理解「為什麼非得要一直踢足球不可」。

但是，年少時代的鍛鍊經驗，我至今也還活用著。我把鍛鍊身體當成了生活習慣，因為有這個習慣，不只幫我抗老，也提升了我工作的表現。

我現在也明白，身心關係密切，兩者間取得平衡非常重要。

不然，因為我的工作只要有一台電腦就搞定，一個不小心，身體就會虛弱殘破不堪。

幸虧我從小就有運動習慣，現在也能自發性地鍛鍊身體，因為身心取得平衡，所以工作表現也非常好。

這件事，我真該好好感謝我的父親。

另外，由於父親當年後來在報社工作，他常要我閱讀與寫作，非常嚴格。最令人驚訝的是，他居然要我跑新聞。

小學三年級時，我們全家跟著父親外派到新加坡工作，父親告訴我：「你要把新加坡生活的樣貌以報紙出刊的方式，向之前的日本同學們報告。」

雖然我心想：「蛤，為什麼？」但同時也明白，即便我表明自己不願意，他也不會放過我，所以只好一直出刊。

對我來說，這根本宛如處罰一般，但現在想想，真是給了我很大的助益。我猜，對父親來說，他是想要我能養成彙整資訊的能力，以及寫出論說文的能力。

現在我在做的工作，也需要這些能力。

「捨棄父母阻礙練習」的最大優點

進行「捨棄父母阻礙練習」時，自然會浮現出那些當年我們受到父母各種影響的記憶。

即使想要把父母視為「好父母」，也無法勉強改變那些我們認知到的記憶。

然而，要先知道，當我們從更遠的觀點來俯瞰那些記憶，原本既定的想法就會鬆動，反而會以客觀事實來認識那些事件。

「捨棄父母阻礙練習」的優點在於，我們不須要與父母本人面對面來進行。

我在想，如果這個練習是必須直接與父母面對面實行，我跟父親道歉的事一定會失敗，而且即使互動的火花散去，心情也無法穩定。

另外，如果父母已經不在人世，要與他們面對面自然是不可能，而且也可能變成尚在人世的孩子一生都無法療癒的傷痛。

藉由從客觀觀點來看待父母，而不是要求父母理解自己、希望他們改變來改善彼此關係，身為孩子的人在面對於強褓中照護我們的父母所產生的心結或憤怒等情緒，就自然能緩和下來。

像這樣，「捨棄父母阻礙練習」是只在心中為自己與父母的關係做個完美的結束，這就是其最大的特點。

那麼，在第二章中，我們曾經提過，關於工作與金錢是由心中的「男性性」來掌管。若是對父親存在尚未療癒的情緒，就容易在工作或金錢上發生問題。我自己也不例外。因為對父親懷抱怨懟，所以無論從事哪種工作都不順利。

如前面所說，雖然我頭腦知道「為了讓這個工作順利，須要做○○跟▽▽」，身體卻配合不上，內心無法湧出熱情。雖然偶爾能集中精神工作，卻無法對工作懷抱願景。

然而，我做了「捨棄父母阻礙練習」後，就能重新整理與修復自認為是父親帶來的心理傷害，**在工作上就有了明顯的成果**。

最明顯的變化是自己的內心。

現在想來，以前我面對工作時，是把它當成「獲得金錢的手段」。然而做了「捨棄父母阻礙練習」後，我自然而然地改變了想法，認為工作是對人做出貢獻、希望能讓某些人開心，而帶來的副產品則是金錢。

例如國際牌創始人松下幸之助先生有個很知名的小故事。

很久以前，人人家裡的插座只供電燈用，但松下先生因為想要同時能使用多種電器，讓生活更便利，於是想出了雙孔插座。

果然，商品一上市就大受歡迎，於是便有了後來國際牌的前身——松下電器公司。

他心裡最初想的是——我要讓人們開心。

當我察覺到這件事，我發現自己也希望能把自身經驗傳達給更多人，讓大家內心更輕鬆，我就是想要從事那樣的工作。那是我第一次明白，那就是我應該要扮演的角色。

沒想到，因為這樣，我驚訝地發現，創意就這樣一個個湧現。我開始思考，如何將想法化為真實；開始思考，如何行動才能達成目標。

我對工作的願景也顯著提升了。

當我想著「工作等於金錢」，竟然無法採取行動，而且能量枯竭，現在那一切宛如幻覺般消逝，內在不斷湧出熱情，想嘗試每一件事。

現在回頭來看，**因為我認為「父親沒能給我足夠的愛」，導致阻礙了我為別人付出的行為**。

我缺乏了工作本質——慷慨地給予，所以本來是不會獲得成功的。

但透過進行「捨棄父母阻礙練習」，我終於能接受父親是愛我的這件事，同時也因此能為別人付出。

當年，父親與母親離婚，我被安排跟著母親，每隔幾個月會跟父親見一次面，從國中一年級到大學畢業前，我每次都心不甘情不願地為了我與弟弟的扶養費與零用錢勉強自己跟他見面。

期間，我總是覺得「這個人根本不愛我跟弟弟」。

二〇一四年時，我在通訊軟體上首次向父親道出我的怨恨之情。之後，因為得知了約翰．佛雷德里克．迪馬提尼（《祕密》一書作者之一）的方法，我終於能消融對父親的怨恨，關係才有所改變。

我結了兩次婚，但第一次結婚時，我完全沒有跟父親聯繫，連我的伴侶都沒有見過我父親。

然而，現在我已經能與父親的再婚對象以及我的再婚對象四人，如同家人般互動，說起來連我自己都感到驚訝。所以，我現在跟父親的關係變得非常自然，也繼續保持聯繫。

據父親的再婚對象說，父親知道，我一直很討厭他。好像因為這樣，他一直無法打起精神來跟我互動。

她還跟我說，因為我跟父親的關係破冰，父親的精神狀況眼見也越來越好。我才發現，原來，不只是我一個人，父親這些年來也承受著痛苦。

對於現在的我來說，我感覺父親跟以前大不相同了，整個人都變得很柔軟。

然而，**我覺得與其說是父親已經有所改變，倒不如說，是因為我對父親的看法改變。或許是因為我已經能坦率地接受父親，才會有這樣的結果。**

第四章

成功「捨棄父母高牆」的八個步驟

學著活出自我

在這一章裡，我想要為各位介紹實現「捨棄父母阻礙」的練習與具體方法。如同我前面說過的，「捨棄父母阻礙練習」不但會為你的內心帶來改變，也會改變你對父母的看法。

多數人或多或少，對於此前父母的言行舉止都有些負面的觀感，像是「他們對我很壞」「他們傷了我的心」等等。

而這個練習，就是將過度偏頗的自我解釋重新歸零。

其結果是，我們將能看見真實的父母，並療癒來自父母的傷害。

這個練習並不須要實際面對父母來做，請以自己的步調進行就好。

練習時，你可以選擇紙上作業，或是將文字輸入手機或電腦，任何方式都可以。做練習時，你會逐漸想起許多回憶，而在腦子裡做整理並不容易，所以會需

「捨棄父母阻礙」的 8 個步驟

步驟 1　弄清楚負面情緒的來源

步驟 2　寫一封給父母的「不幸的信」

步驟 3　察覺自己也對他人做過同樣的事

步驟 4　明白父母的行為曾成為自己的助力

步驟 5　明白自己的行為曾為他人帶來利益

步驟 6　察覺那些與你對父母的既定印象全然相反的特質

步驟 7　收集自己曾被愛的證據

步驟 8　寫一封「給父母的感謝信」

要這些工具。

另外，藉由文字，你將能好好梳理內在混亂的情緒。

這本書裡所介紹的練習，是以世界知名的美國人類行為學家約翰・佛雷德里克・迪馬提尼所提出的「迪馬提尼方法®」為基礎，再加上我為了改善親子關係所做的變更而來。

藉由這個方法，跟著每個步驟逐步練習，**將能除去那些在人際關係上、工作上、金錢上、健康等，與人生密切相關的各種因素上的阻礙，轉換為嶄新的視點。**

這個方法的原則在於，「人生中所發生的所有事，在我們人為加上解讀之前，全都是中立的」。

以此為參考，「捨棄父母阻礙」的練習共由八個步驟構成。

練習的流程如下：

步驟一

弄清楚負面情緒的來源……請想起讓我們抱持負面情緒的父母為我們帶來的那些情緒強烈的往事。

↓

步驟二

寫一封給父母的「不幸的信」……此時，請原原本本地寫下那些你帶有厭惡情緒的往事。

↓

步驟三

察覺自己也對他人做過同樣的事……步驟一中，你不喜歡自己父母對你做的行為，你同樣也對某人做過。這一點請你要有自覺。

↓

步驟四

明白父母的行為曾成為自己的助力……在步驟一中，那些你不喜歡父母對你做的行為，曾經成為你人生的助力，請察覺到這也是優點。

↓

步驟五

明白自己的行為曾為他人帶來利益……在步驟三中，你明瞭了自己的行為也曾為他人帶來利益。

↓

步驟六

察覺那些與你對父母的既定印象全然相反的特質……請想出在步驟一中，你覺得不喜歡的那些事件，你的父母也曾採取完全相反的行為。

↓

步驟七

收集自己曾被愛的證據……請回想那些曾被父母愛著的畫面。

↓

步驟八

寫一封「給父母的感謝信」……如果經過前面七個步驟的練習，你內心湧現出感謝父母的心情，請將那樣的心情原原本本寫下來。

如果對父母仍有怨懟，請將父親與母親分開練習。

重點在於「你如何客觀以待」

這個練習的重點在於，經過完整的步驟後，你究竟能多客觀地看待那些你與父母之間所發生的傷心往事。

步驟一～八中，除了步驟二「不幸的信」，要「將心裡的不開心都如實寫下來」之外，**其他步驟你都要能客觀以待，否則將無法進行下去**。

理由如下。

人的大腦分成左腦跟右腦，眾所皆知，左右腦各自主掌不同功能。左腦在左側，右腦在右側，各自有著不同的功用

左腦主掌邏輯思考，當人須要使用語言與計算等邏輯性思考，就由它來處理。

另一方面，右腦掌管記憶力、想像力與人的情緒。我們會感覺到「父母很煩！」就是來自右腦的運作。

而這個「捨棄父母阻礙」的練習的特徵，**就是可以活用左腦的功能來找出合理的、可接受的解釋，以解開由右腦所掌管的情緒性疙瘩**。

只要活用左腦就能幫助療癒，然而，如果加上右腦來幫忙，在練習的初期就能解放情緒，及早得到療癒。

實際上試做後就會發現，要想捨棄父母阻礙，即使只完全活用左腦分析，或是只活用右腦來解放情緒，都可以做到。

然而，有些人不適合用邏輯分析處理，而有些人也不適合用情緒來療癒。

因此，為了因應大多數人的狀況，我才想出了這樣的練習手法，亦即一邊用邏輯分析，一邊解放內心情緒。

實行「捨棄父母高牆練習」的最佳時機

這裡所有的步驟都不須要一天內就完成。你可以一天用一個步驟，或是分成幾天來進行。

雖然是可以按照自己的步調來練習，但是，無論你是在**短期間內集中練習，或是不給自己喘息的時間一次做完，都可以在初期階段就感受到實際的變化。**

這樣一來，你的意識將會專注於練習，也能記起很多往事。

那些接受我建議而開始練習的個案們，有些人會在假日時特地安排一段時間進行練習，或是就只集中在睡前時間分段練習，是依照自己的步調來進行。

「我試著在每天睡前三十分鐘處理一個提問。」

「我每天早上看一個提問，然後用一整天來思考。」

「只要有想法出現，就立刻提筆記下來。」

「我則是在通勤搭電車時，一天做一個問題。」

等等，任一種方法都可以。

記得我在接觸到迪馬提尼方法®時，直覺「這可以用來幫助我處理自己的『父母阻礙』」於是便用盡全心力地進行。

那時我雖然一天會練習兩到三個步驟，但是，在我還沒結束全部練習前，就感覺到逐漸被療癒了。

所以，重點是「不要勉強。但是要盡可能專注地練習」。

察覺來自父母影響的幾個提問

首先，關於你究竟受到父母怎樣的影響，請先用以下的提問來做檢核。

- 你是不是拚命努力想獲得父母的讚美？
- 你是不是為了看到父母歡喜的笑容而努力做了很多事？
- 你有沒有為了不惹怒父母而終日察言觀色？
- 你記不記得，曾因為門禁與家規而感受到物理性與心理性的限制呢？
- 你有沒有受到父母或親戚們的影響，而有著「家人就該如何」的既定觀念呢？
- 當你在做工作與結婚等重要決定，有沒有把父母的價值觀納入考量呢？
- 有沒有因為與父母的關係，而對戀愛或是性有負面看法呢？

藉由回答以上的問題，你就能察覺到自己究竟受父母的影響有多深。

那麼，讓我們進入練習吧。

步驟一 弄清楚負面情緒的來源

首先是第一個步驟。

請回想至今你對父母仍懷抱有負面情緒的一個畫面。

但是在回想時，請排除你的「悲傷」「生氣」等情緒，以及「父親是個冷漠的人」「對母親感到失望」等主觀判斷，**只要寫下那時發生的事實即可。**

這個步驟的重點在於，讓我們回到自己對父母產生負面情緒的瞬間。

比方說，以我為例，就如同我提過的，我在孩提時期就覺得很難與父親互動。請寫下那個很明顯讓你心情轉變為嫌棄的瞬間。

也就是，察覺到「這個人從以前就讓我感到辛苦，而且也太不負責任了吧！」的憤怒瞬間。

然後我明確地想起了那個時候發生的事。

父親說：「我跟你母親離婚了。你們跟媽媽回日本，跟外公外婆一起生活。」

這時候，我心裡冒出了強烈的憤怒：「我又沒有拜託你們生下我，是你們兩個擅自生了我，又強迫我好好讀書、好好練足球，現在居然又突然要拋棄我！你們兩個到底在做什麼？」

我那時是十三歲的國中生。

地點是當時在新加坡居住的公寓裡。

確切時間是在六月某天的傍晚四點左右

暴風雨來臨前夕，氣氛陰沉沉的。

我與父親兩人在客廳中。

父親平日就不太展現笑容，那時的表情更顯嚴肅。

「我有話要跟你說，先坐下來。」我依言坐到了沙發上，才坐下他就突然說：「我跟你媽媽要離婚了。」

宛如電影般，我試圖在腦海中憶起當時的狀況與情景。此時，要用第三者的眼光來觀看，這是重點。

排除掉情緒，只把客觀的事實寫在紙上、手機上或是電腦裡。

以我為例，我是這樣寫的。

十三歲的夏天，在新加坡公寓的客廳裡，只有我跟父親兩人，他告訴我：「我決定跟你媽媽離婚。你跟弟弟和媽媽一起回日本，住到外公外婆家。」

像這樣，寫出三件對父母懷抱負面情緒的關鍵事件。**要點在於，只寫出「發生的事」**。

請不要寫成這樣

- 我父親很小氣

- 我母親很冷漠
- 父親偏心，只對其他兄弟姐妹比較好

上述這些只是在寫出自己的解釋。請專注寫出究竟發生了什麼事，才讓你對父母有這些情緒，注意要以事實為基礎來寫。

因為，應該正是發生了什麼，才讓你覺得父親很小氣、覺得母親很冷漠。

那個事件發生在何時、何地呢？

請寫出能確定就是這個事件的那件事來。

重點在於，**記起對誰、在哪裡、何時、其他還有誰在現場、發生什麼事等**。越詳細越能輕易看見事實，但是想不起來也沒關係。

我相信，一定有人完全無法想起孩童時代的事。

像這樣的情況下，請只要寫出「那麼，即使長大成人，在日常生活中仍舊令你感到厭惡、煩躁、焦躁的事。想起出現在你人生中類似那些感覺的事件吧。」

比方說，我的實際體驗是，以前，每當我要跟年長男性談話都會緊張。然後我試著反覆思量：「同樣的感覺有沒有出現在我孩童時代？」這麼一來，我就想起了在父親面前畏縮、緊張的幼小自己。

像這樣，回溯記憶後，就能想起自己孩童時期有相同感覺的事件。

現在，讓我們來以那些煩躁為起點，順著源頭來想一想吧。

例文

十一歲的夏天，中午過後，我在家裡的沙發坐下，爸爸突然告訴我：「我再也不支付你的撫養費。」身旁沒有其他人在。

十六歲的二月或三月時，傍晚跟母親在百貨公司購物，她突然跟我說：「你很醜。」旁邊有很多人。

十四歲的春天，我從才藝班回家路上，父親跟我說：「你弟弟表現得比你好太多。」

十五歲的五月，祖父告訴我，我的父母離婚了。地點在祖父家，約傍晚左右。祖母也在一旁。

八歲的冬天，母親只買給姊姊她想要的東西。在家裡，中午左右，父親也在一旁。

十七歲左右，父親打了我。在晚上的公園裡。周圍沒有任何一個人。

十歲或十一歲時，母親說：「你這種小孩，我才不要。」冬天很冷。在家，妹妹也在。

七歲左右，母親那天沒有回家。半夜，只有我跟弟弟兩人在家（即使同樣的事件發生很多次，也要一一寫出，當作不同經驗）。

十歲的夏天，父親與母親大吵一架。中午，車上，哥哥也在。

八歲時，母親帶了一個不認識的男人回家，並跟我說她要離開家。晚上十點左右，我家。周遭一個人也沒有。

十五歲時，父母告訴我，如果不遵守某宗教的教義就會下地獄。傍晚。回家路上。

十七歲時，當我跟母親說：「我想去設計專門學校讀書。」她說：「你根本沒有那樣的天賦，勸你早點死心。」傍晚，超市，周遭有很多人。

步驟二　寫一封給父母的「不幸的信」

在步驟一中，我請各位要壓抑內在情緒，只寫下客觀事實。而在這裡，則請盡情讓情緒爆發出來，**把對父母怨恨憤怒的心情原本本寫出來吧。**

寫法是自由的。無論是「那時，你們說了那樣的話，讓我的心受了傷」這類回憶，或是要寫特定情境，或是要一直寫那些負面心情都可以。

重要的是，要讓內心的情緒通通流洩出來。

這封信並沒有要寄給父母，**充其量只在於宣洩出深藏內心的情緒，所以不用有所顧慮，就把一切都吐露出來吧。**

例文

• 文章實例

例一

爸爸，在我還是高中生時，你在家裡的客廳中曾對我說過：「我對你再也沒有期待。我反而比較期待你弟弟。」

你的那番話真的傷了我的心，自那之後，我再也沒辦法認可我自己，我總是這樣看待自己：「我是壞掉的小孩」「我就是一點用處也沒有」。

因為這樣，我強烈感受到了自卑感，無論在職場上或是私底下，我都再也無法對自己有自信，因此受了很多苦。

那樣的話語，我至今仍難以忘懷，總是拿來責備自己、讓自己受苦。

另外，在我十二歲，你們來看我的籃球比賽時，你們在別人面前大聲責罵我，記得嗎？你們知道自己在做什麼嗎？你們給我的只有羞恥羞恥羞恥羞恥。

就是因為這件事，我甚至沒辦法大膽地放手去做我喜歡的事了，因為我擔心萬一我犯了錯，你們就會大罵我，以至於養成我無法勇敢面對挑戰的個性。

因為父親，我才變成今天這樣，想到這件事我就極度憤怒，我想要你好好地跟我道歉。

例二

媽媽，自我有記憶以來，就感覺到妳為了養育我跟弟弟兩人，每天都非常忙碌，所以，妳幾乎完全忽略了我。

我從小就是個沒有聲音的孩子，雖然媽媽常跟別人說：「這個小孩從來不跟我說學校的事。」但事實上根本不是這樣。

那只是因為妳從來都是對我不聞不問，我根本不知道從何說起。

也因此，不知從何開始，我認為：「這世界上根本沒有人對我感興趣。」媽媽也許根本沒考慮過我的心情。

尤其最令我難受的事情是，小六時，我從學校的畢業旅行回家，別的同學的媽媽都來學校接小孩，唯獨妳沒有出現。

回家後，我哭著跟妳說這件事，而妳卻因為自己被指責而情緒激動，最後打電話給我的班導說：

「今天因為我沒有去學校接我女兒，回家後受到女兒的嚴厲指責。都已經是小六的孩子，也不過就是去畢業旅行就要媽媽去學校接她回家，老師難道不覺得這算是寵壞她嗎？以後，請您禁止家長到學校接小孩。」

妳拒絕理解我的心情，這件事令我很絕望，竟然還因此去跟班導胡亂控訴，這令身為小孩的我感到羞恥。

我內心也難以接受那樣不合情理的做法，總之，我因此開始詛咒自己。

「被怪異母親扶養長大的怪異女兒。」我甚至這樣評價我自己。非常痛苦。為什麼，妳會這麼奇怪呢？我想要一個能理解小孩的母親啊！

・情緒字詞範例

開什麼玩笑

都是你害的
你破壞了我的人生
都是父親害的
都是母親害的
都是你害的
補償
道歉
給我陪罪
畜生
等等

步驟三
察覺自己也對他人做過同樣的事

在步驟一中，我們確認了那些父母曾經傷害我們的過去。而在步驟二中，則把那些累積在內心的情緒通通吐露出來。

那麼，在接下來的步驟中，我們要認知到，**那些你從父母那兒受到的傷，我們也曾經同樣地傷害過其他人**。

所以，請想想那些你因為拒絕他人而惹得他人憤怒、不安，或是精神上傷害的往事。

重點在於，**請想起那些父母曾傷害你的行為，你也曾採取同樣的行為去傷害了他人**。

在步驟二中，針對某些父母的特定行為，如果你認為那是「不負責任」的行為，你應該也能想起自己曾做過不負責任的行為；如果你對那些特定行為感覺受到威逼，那你應該也曾經同樣地威逼了他人；如果那些畫面讓你感到被貶抑，你應該也可以想出那些你貶抑他人的畫面。

做這個步驟時，不須要寫長文，只要明確寫出「在哪裡」「對誰」「做了或說了什麼」，請通通寫下來。

請起碼寫下二十個。如果很多，也可以都寫下來。

我自己在試著做這個步驟後，才驚愕地發現：「會不會我也跟我所嫌棄的父母一樣做了同樣的行為呢……」

人，就算會記得某人對自己做過的事，卻會完全忘卻自己曾做過的事。我們要藉由回憶起這些事，察覺到自己也曾對他人做過那些不體貼的事。

例文

十八歲時，我沒有遵守與A的約定，把他的祕密說了出去。

二十二歲時，我在打工時犯了錯，卻隱瞞不說。

二十二歲時，我在打工時犯了錯，但卻隱瞞不說（即使內容相同，如果反覆做很多次，就要分開寫）。

二十七歲時，女朋友不小心懷孕，我不想負責，於是要她去墮胎。

三十一歲時，我讓下屬獨自去應對難纏的客戶，我自己躲掉了。

二十五歲時，我該上班沒去上班。

二十六歲時，我該上班沒去上班。

二十八歲時，在工作上，我為了逃避責任而撒了一個謊。

三十一歲時，我開車載朋友，那天我加速到時速一六〇。我為了自己的快樂而無視他人性命，讓他暴露在危險中。

二十七歲時，我外遇了。

十七歲時，我明明跟朋友約好要去玩，卻爽約。
三十二歲時，我向同事推銷一個安全狀況不明的投資案件。
十四歲時，我養了狗，卻完全沒有照顧牠。
十九歲時，明明是我揪人一起玩樂，中途卻因為自己太累而落跑。
二十八歲時，明明我不想結婚，卻假裝自己想結婚。
二十九歲時，明明是我向女友提出交往請求，卻在交往後感到厭倦，並提出分手。
十九歲時，我瞎編自己的工作經歷去接受面試。
二十四歲時，我明明不知道路怎麼走，卻隨便告訴問路人。
十七歲時，明明我跟朋友掛保證要為他辦生日派對，結果因覺得很麻煩而中途放棄。

無論是做了與父親或是母親相同的言行（我自己是不負責任的部分），都請回想起來並記錄在表格上。

步驟四

明白父母的行為曾成為自己的助力

在步驟一中，是寫下那些父親或母親令你厭惡的行為。此處則是寫下，在父母做出那些行為的瞬間到現在，**該行為對自己帶來的「好處」**。

你可能會想：「咦，怎麼可能有好處？」

然而，試著仔細思考，你是會掉下眼淚的。

我的例子是父親跟我說：「我要跟你母親離婚。你跟弟弟一起回日本去。」這突如其來的衝擊，是一件讓我對父親很失望的事。但是事實上，也有因此而帶來的好處。比方說，我轉想成是：「將來，我一定要能住到好地方去！」

記得當時，我非常喜歡新加坡的生活，一直確信自己到高中畢業前都可以住在新加坡，之後再到美國或歐洲讀大學。

然而，這一切都因為父母離異，讓我只能回到日本去。

乍看之下，這雖然是負面經驗，但是，我卻經由這個經驗，下定決心「總有一天絕對要能住在自己想住的地方」，那讓我有強烈的願景，使我願意努力。

這裡所說的「好處」，就包含了像我這樣除了直接受到的衝擊外，還有間接獲得好處的狀況。

・例

當我向父親請求我想要的某物，他臉色凝重地告訴我：「我們根本買不起，現在哪來那些錢？」

↓直接的好處

內在萌生了「想要的東西都自己買」這種獨立自主的精神

因為感到不方便而理解到賺錢的重要性

因此，我懂得要找一分穩定的工作、有一分穩定的收入

↓隨之而來的好處

為了買想要的東西，於是我去打工。在打工的地方認識了一位重要的人（情人、結婚對象、恩人）。

在這個步驟中容易做出「我在〇〇時期，因為父母的一句話，帶給我反面效應」，這可是不行的。

所謂的反面效應這件事本身，會將父母判斷為「做了壞事」。

但「捨棄父母阻礙練習」的目的在於，將評判為對自己來說是「傷心事件」「悲傷難受事件」的**父母言行舉止，從被批判的對象中剔除，回歸中立**。

但是，如果判斷為是反面效應時，無論父母具體來說採取了哪些言行，就結果來看，即使得到了隨之而來的好處，也無法算做是好處。

在這個步驟中，關於**父母言行舉止對自己人生的影響，如果能以「在平常時尤為重視的事物上，帶來了某些好處」這樣的觀點來看，會非常有效**。

比方說，很看重夥伴關係的人，將能從這個經驗中明白到，那為自己的夥伴關係帶來多大的好處；或是看重工作的人，能從這個經驗中看到為自己的工作帶來多大的好處。

在你能感受到「除了壞處，我同樣也從中得到了好處」為止，請一直書寫。請以寫出二十個好處為目標。

例文

因為父母離婚，我不再受到父母控管，所以國高中時代能自由自在地度過。

因為父母離婚時不斷進行討論，讓我現在說話也很有邏輯。

從那時起，生活環境陡變，使得我現在能適應任何環境。

那時學會的邏輯思考能力與說話方式，讓我能活用在現在的工作上。

因為少了雙親的監管，讓我能自由地專注在音樂上。

由於專注於音樂，讓我在音樂比賽中獲了獎。

由於我專注在課業以外的事物上，於是得以憑藉特殊選才進入了心中理想的大學。

由於那時的匱乏感，所以我強烈地下定決心「將來絕對要住進自己嚮往的地方，並獲得自由」，而我也實際做到了。

因為跟祖父母一起住，後來跟他們的關係很好。
由於跟祖父母一起住，我從其他親戚那裡也領到了紅包，比其他人拿到更多紅包。
我因此能隨心所欲地打扮，在青春期時也能多少做點壞事。
因為晚上能在外遊玩，因此與 A 成為知心好友。
A 很懂得打扮，受到他的影響，我對時尚產生高度興趣，為了學習紐約的時尚，我因此出國留學。
由於留學時的窮困，我學習了自我勵志及心理學等學問，那成了我人生的轉捩點。
留學時遇到了 B，談了一場開心的戀愛。從 B 那裡得知了對自己人生算是起到關鍵作用的心理學交流分析資訊。
也因此，我認識了 C，並與他成為好友。兩人曾經一起去到他在東南亞的家鄉旅行。
由於學習了自我勵志法，後來變得比較能輕鬆應對人生。
由於這個事件太令人震撼，我開始思考什麼是家人，而我現在也從事著相關的工作。

由於我選擇了這分工作，遇到了D這位心靈導師，帶來了好機緣。

請在完全接納了「在我受到負面影響的同時，也獲得了好處」前，把那些好處全寫下來。

步驟五　明白自己的行為曾為他人帶來利益

在步驟三中你會發現一些事實，就是你跟父母一樣都曾經為他人帶來傷害。然而，**如同你從父母那裡受到傷害的同時也得到好處一般，被你所傷的那個人也同樣因此得到好處**。

在這個步驟中，讓我們來思考看看，對方得到了哪些好處。

文例中，或許有些部分會讓人認為那只是受害者的自我解讀，或是會讓人思考「在道德上來說又是如何呢？」

但是，**在這個練習中，刻意這樣思考是有意義的**。這個訓練不是要鉅細靡遺地仔細觀看，而是要以俯瞰的角度看事情。請各位理解這一點。

例文

十八歲時，我沒遵守與Ａ的約定，把他的祕密說了出去。↓因為祕密被揭穿，Ａ後來與Ｂ交往。

二十二歲時，在打工的地方，我掩蓋了自己所犯的錯。↓結果老闆知道那件事後，強化了管理制度，公司因此有了規律。

二十二歲時，我在打工的地方，掩蓋了自己所犯的錯。↓沒有人幫我一起掩蓋那個錯誤（如果同樣的內容重複多次，請都一一寫下來）。

二十七歲時，女朋友懷孕了，我沒有打算負責，要她去墮胎。↓她的未來沒有因此毀掉。

三十一歲時，我把麻煩的事丟給下屬處理，自己落跑了。↓我的下屬因此更有能力。

二十五歲時，某天翹班。↓因為轉換了心情，所以隔天我精神抖擻地努力工作，效率很高。

二十六歲時，某天翹班。↓其他同事得幫我處理我的工作，他們因此提升了處理工作的能力。

二十八歲時，為了逃避工作上的責任，我撒了謊。↓後來這件事被揭穿，我因此被調派他處，我讓公司成功找到理由，把不適任的我調走。

三十一歲時，我開車載人，那天踩油門加速到時速一六〇公里。我為了自己的快樂而把他人的性命拋諸腦後。↓對方其實也享受了飆車的快感。

二十七歲時，我出軌了。↓外遇的對象得到了療癒與快樂。遭到出軌的對方與我分手，卻也因此找到真愛。

三十二歲時，我勸說同事去投資安全堪慮的投資案件。↓結果，雖然失敗了，但同事明白了金錢的重要性，懂得要慎選投資標的。

十四歲時，我養了狗，之後卻疏於照顧。↓我的父母因此跟狗狗間的情感加深了。

十九歲時，我明明是派對主辦人，卻丟下朋友，因為疲勞而先回家。↓我給了朋友一個理由，得以與我這樣不珍惜朋友的人絕交。

二十八歲時，明明心裡沒有結婚的打算，卻漫不經心地結婚了。↓我的伴侶在被求婚的瞬間感到喜悅與安心。

二十九歲時，明明一開始是我提出交往要求，交往之後，卻因為感到厭煩而向對方提出分手。↓對方因為與我交往而有機會出國旅遊。最後能跟個性不合的我分手成功。

十九歲時，我偽造自已的工作經歷，去其他公司面試。↓我讓對方公司因此解決人手不足的困境，而且免去一直面試別人的麻煩。

二十四歲時，我明明不知道路怎麼走，卻硬是要為外國遊客指路。↓對方因此更能實際體驗在當地散步的樂趣。

十七歲時，我明明答應朋友要為他辦慶生派對，結果卻因為嫌麻煩而中途放棄。↓朋友因此能與家人一起慶祝生日，讓他與家人間的關係更緊密。

請在能完全接納自己不負責任所做的那些行動，給他人帶來同等於負面影響程度的「好處」後，寫下那些行動。

步驟六 察覺那些與你對父母的既定印象全然相反的特質

我們已經在練習一中寫下當年父母的言行舉止，在練習二中則寫出了因此而來的那些對父母所抱持的負面情緒。

然而，**父母對你，是否曾做過與之完全相反的言行舉止呢？練習六的目的就在於察覺到這一點**。

比方說，你因為父母的冷漠應對而傷心，但要請你想想，有沒有哪些互動畫面是與「冷漠」完全相反的？如「深刻的愛」「溫柔」等，請試著寫下來。

我認為，人是擁有各種性格的多元存在。會不會曾經讓你感到傷心的那些討厭的一面，充其量只是父母的某個面向而已呢？

請試著寫出至少二十個這樣的經驗，直到你能認為「我覺得討厭的父母的個性，不過是他們的某一面而已」。

我自己的狀況是，我對父親的不負責任感到憤怒。而不負責任的另一面是負責任，接下來我就來列出那些負責任的往事。

例文

他幫我支付學費直到我大學畢業。

他從早到晚，連假日都在工作（如果這樣的感受有很多次，就分次寫下來）。

即使半夜公司臨時有事打電話給他，他也會認真應對，很負責任。

他沒有外遇，對家人很負責。

他認真參加社區聚會。

他認真參加社區聚會。

他會按時支付我們每個月的生活費。

他會出錢讓父母得到照護。

他會幫忙準備過世家人的身後事。

為自己年老時，好好存錢。

他會做垃圾分類。

當我犯錯，老師要求家長到

校談話，他都會出現。

每個月按時支付房貸。

當有客人來訪，他會熱情招待。

答應要買給我的東西，他都會記得。

他也會送我那些原本就答應要送我的禮物。

請寫出那些與你為自己雙親貼上的標籤，像是「冷漠」「不負責任」「腦袋不靈光」完全相反且等量的特質，直到你完全接納為止。

步驟七

收集自己曾被愛的證據

請試著想出在你至今的人生中讓你感受到被父親或母親「愛著的」畫面。

即使不是特別的事件也可以。

比方說，「他每天做飯給我吃」「他每天到學校或補習班來接我下課」「生病時，他為我擔心」等，即便是那些唯有親子關係間才會發生的事（可是在親子關係中是很平常的事）也可以。

應該多得數都數不盡才對。你能想出越多就越能療癒你的心。

請最少寫出二十個。

例文

他們為我取了有意義的名字。
他們為我保存了一歲時的照片。
他們在我長大離開家前，好好地照顧了我。
我們一起觀看了小學運動會時，他們為我錄的影片。
早上做飯給我吃（如果很有印象，就多寫幾次）。
中午做便當給我吃。
晚上做飯給我吃。
他們有來參加我小學一年級的家長日。
他們有來參加我小學三年級的家長日。
他們有來參加我小學四年級的家長日。
他們有來參加我小學的畢業典禮。
他們在我準備大考時讓我去補習。
他們為我準備了我自己的房間。
他們為我織了毛衣。

因為擔心而反對我嫁給（娶）某人。

他們教我騎腳踏車。

他們帶我去上才藝班。

他們接送我上學（有印象的次數都可以寫出來）。

他們帶我去遊樂園玩。

他們帶我到超市，買了我想要的東西給我。

他們充滿驕傲地向別人說我的成績與經歷。

現在也跟我一起居住。

請在能完全接納「我確信自己從父母那裡感受到了愛」前盡情書寫。

步驟八

寫一封「給父母的感謝信」

前面我們完成了七個步驟。現在你的心情如何？

可能你現在的心情已經是之前完全無法想像的狀況。

我曾經也體驗過。曾經我只對父親滿懷怨恨，沒想到做完練習後，我已經能對他充滿感激。

在那之前，我一心只想著要對父親復仇，我整個人受到「我想要成功，卻又不想」這種矛盾的心情所撕裂。

我曾為了要給父親好看，而想要獲取成功，但又為了要跟父親說「你看，就是因為你，所以我這輩子只能這樣」而不想成功，我那時實在太想要給父親看看我的慘狀。甚至在無意識中，我也受到這樣的矛盾拉扯。

另外，我也有那種「倔強不想承認」他帶給了我傷害的心情。**那樣倔強的心情，在我做「捨棄父母阻礙練習」後，愈漸消散了。**

大概是做到步驟六時，內心湧現出連我自己都驚訝不已的感謝之情。

請各位也試著對父母說出現在的心情。

如同在步驟二的「不幸的一封信」一樣，並不須要真的寫信給父母。請安心地釋放現在的情緒吧。

這個練習沒有例文給你。

請自在地用自己的話語試著寫寫看。

若是對親生父母沒有記憶時

關於「捨棄父母阻礙練習」，曾有個案向我詢問：「若是我的父親或母親其中有一人不在世上了，或是他們兩人都不在了，我還可以跟他們和解嗎？」答案當然是可以的。

在步驟一中，請找出那些讓你感到寂寞的「父親（母親）不在世上了」的瞬間，或是「為什麼只有我失去了父親（母親）呢」的憤怒瞬間。

在步驟三中，也請你回想那些「因為我不在或沒有照顧他了，而曾經帶給誰寂寞呢？」的畫面。

在步驟四中，請寫出「父親（母親）不在世上」帶給你的好處。

在步驟六中，即使現在已經看不見父母的身影，也請回想起，那個不存在的父親或母親，或是父母雙方，曾與自己有過的互動畫面。比方說，他們為你取了名字、有一些帶有回憶的物品、曾聽他們說過的話等等，請寫出能回憶起父母存在的畫面。

第五章

等待著你的是「人生的五大自由」

捨棄所有的「父母阻礙」

我們都在不知不覺間給自己設了限。主要原因在於，我們從父母那裡學習到的各種「障礙」。

然而，**完成了「捨棄父母阻礙」後，你再也不會受到「父母阻礙」的影響**。當你能從對父母的怨恨心情轉變為感謝，你將如重生般獲得自由。

人原本就能自由地選擇自己與「金錢」「時間」「環境」「人際關係」「健康」的關係。我稱這些為**「人生的五大自由」**。

但是，當我們內在還有來自父母的障礙，就完全無法察覺自己確實擁有五大自由。連我自己當年也是。

由於我本身有「被迫聽從父親卻遭到背叛」的經歷，所以我無論如何都想要向父親復仇。這之前已經提過。

由於我想要復仇的想法太過強烈，所以我被「一定要成功」的想法給束縛住。然而現實是，我根本就無法專心工作，也賺不了什麼錢。不只如此，我還不擅長時間管理。總是在每天起床時就絕望地想著：「又是一天的開始啊……」處於這樣的狀態下，事情根本不可能順利發展。

雖然那時我人在夢想中的紐約，住的卻是別人家的廚房天花板加蓋的違建，只不過是個長一．五公尺，寬一．五公尺，高八十公分的木箱。

在建康上，則是飽受腰痛與大腸激躁症所苦。

現在回想起來，原來我在無意識中，就已經被強烈的「想要對父母復仇」的想法所牽引，所以選擇了讓自己不幸福的結果。

我想要證明我的父母教養失敗，因此把所有能量都用在那裡。

我的個案中，如果是女性，通常會以進食障礙的形式來表現自己與母親的不和狀態，可以說，這也是向父母復仇的一種形式。

或許，購物上癮症、伴侶關係上癮症也是對母親「就是妳沒給我足夠的愛，我才會這樣」的一種表現。

據某個研究指出，人一旦受到未能處理好的情緒所支配，智商就會下降。所以，如果在心理上未能與父母和解，人將無法發揮原本具有的潛能。

完成「捨棄父母阻礙練習」後，我們將能擺脫對父母的怨恨，並對父母懷抱感謝之情。此時，**我們才能察覺到自己究竟耗費了多大的能量在父母問題上。**

我們也能察覺到，自己不受父母問題糾纏等同於消除了「父母阻礙」。

人生中，對金錢、時間、環境、人際關係、健康等方方面面，不自覺地認為「我不可能獲得自由」「即使狀況變成這樣也是無可奈何」的這件事本身，就是內在有著「父母阻礙」。

由於我至今讀了非常多自我提升的相關書籍，所以非常確信，只要去除各種障礙，就能獲得實質意義上的「自由」。

然而，當我實際體驗到「這就是去除障礙」，則是在我完成了「捨棄父母阻礙」的練習後。

明白父母曾是你最強大的啦啦隊

無庸置疑地，父母是孩子最堅強的後盾。

但是，孩子通常很容易忘記這件事。尤其是當父母固執己見，不願意聽自己說話而令孩子感到煩躁，孩子內心就會生出叛逆，別說父母是後盾了，對孩子來說根本就是敵人。

我有一位叫小香的個案就是一個例子，她是從事插畫工作的二十七歲女性。

小香的父母均為公務員，自幼就很自然地想要成為公務員，而且從不曾猶豫過。不知從何時起，她學會了無時無刻都對認真工作的父母察言觀色。

即使是現在，不管面臨什麼樣的選擇，她的腦海中一定會浮現父母的反應，最後總是只選擇父母看來會同意的那些選項。

尤其父親那邊的親戚大多都是公務員，所以她可以察覺到來自父親的「我不認可公務員以外的職業」的想法。

實際上，小香自幼就喜歡畫畫，原本曾偷偷想過要在高中畢業後就讀美術相關的專門學校。

高三的某天，她下定決心跟父親說：「我想讀美術學校。」沒想到，**父親臉色大變，怒吼著說：「妳是中了什麼邪！畫畫能養活自己嗎？妳給我實際一點！」**

最終她聽從父親的話，在高中畢業後考上公務員，並開始工作，但小香怎麼樣也無法放棄夢想。就在工作第三年，也就是她二十歲時，小香心裡湧現出「說什麼我都要往繪畫的道路前進」的想法，再也無法抑制內心的想望。

後來，她參加了我的親子關係工作坊，終於開始面對一直以來總是體貼父母心意過生活的自己，最終決定要走自己所選的道路。

在經歷了萬全的準備，甚至連將來要合作的廠商都找好，正打算要跟父親坦白一切時……竟意外地得到了父親的認可：「妳當公務員也三年了，做得很好。妳比我想像得還要來得堅強，我想未來即使是妳自己所選的道路，一定也會做得不錯。」

聽聞父親這麼說，小香重新感受到：**「自己的父親並不是全然地嚴格，原來他也是會考量我的心情的。」**

現在的小香是一個案子接不完、很受業界歡迎的插畫家。

她活用自己三年的公務員經驗，按約定快速完成案件，她這能力深受業主的讚賞，甚至名聲遠播。

一般來說，郵件內容清楚、請款單羅列詳細等等雖是小事，但未能妥善應對的人卻不少，小香卻都能仔細應對，因此評價自然頗高。

這可以說，多虧了父親的教養有方。

不再為金錢感到不安，能感受到豐盈

多數情況下，對金錢感受到的不安也可以藉由改變對父母的看法來消解。

我有位個案，是四十一歲的優子小姐，她的父親是個賭博成癮者，她常年看著父親整日無所事事的身影而感到傷心，青春期過得很糟糕。

她來找我諮詢時已結了婚，與丈夫也有了兩個孩子。雖然丈夫的收入並不低，加上優子從事的是有醫療相關資格的專業職業，家庭在經濟上很是穩定。

即使如此，優子自己卻**時常感覺「無論有多少錢，總是不安」，於是她最多曾做三分工作，在身體與精神上都承受了極大壓力**，疲累不堪。

她甚至對丈夫的用錢方式相當敏感，兩人常為此爭吵。

然而，當優子開始做「捨棄父母阻礙練習」後，她回想起，當年父親沒有工作、沉迷賭博其實只持續了一陣子。

在優子進入青春期前，父親每天都去上班，經常加班到很晚才回家，是個認真工作的人。後來，父親運氣不好遇上了經濟不景氣，遭到公司裁員，所以事實上父親是認真工作了一輩子，只有在那之後消沉了一陣子而已。

另外，雖然優子以為父親總在家無所事事，其實是因為母親出外工作，為了照顧優子年幼的妹妹，所以只好待在家。優子想起了這一切。

人生總是會遭逢難關，也會有順遂時期。自從她理解自己只是記得了偶然間遭逢霉運的父親那令人厭惡的身影後，她又發現了一件事。

她努力存錢的結果，**還真的存了好一筆錢**。她突然察覺到「現在手邊有這麼多錢，實在不須要再焦慮了。」之後，她開始學習投資理財，現在也能妥善管理金錢。

自從她察覺到自己在經濟上的富裕之後，心裡也更有餘裕，也不再緊盯著丈夫的用錢方式不放，夫妻關係也有所改善。

當你察覺到父母的愛，與伴侶的關係就會好轉

美香小姐（二十八歲）成長於放任主義家庭，從未感受到來自父母的愛，她也是透過做「捨棄父母阻礙練習」而對父母改觀、人生從此改運的個案之一。

美香的母親是個性格冷漠的人。或許是因為全職工作繁忙，所以她跟孩子們從來沒有肢體接觸，也從未讚美過他們。

不知從何時起，美香的心裡感受到難以填補的寂寞，隨著年紀增長，變得很依賴戀愛的對象。

然而，就算有戀人在身旁，她還是覺得「不知道何時會分手」「認為自己沒有吸引異性的魅力，也覺得自己毫無價值」，因為這些內在的不安，她於是變得善妒，總是緊緊黏著對方。由於過度要求對方的照顧，經常使得伴侶為此感到疲累而分手。

某日她來找我諮詢，想知道「為何自己戀愛時，總是愛火瞬間就點燃，卻也總是一下就分手。最長也只能維持兩個月。究竟為什麼會這樣」。

我們在著手療癒她從幼時起與父母的關係時，發現了她因為從未從母親那裡感受到愛而感到寂寞，又為了彌補缺失的母愛轉而向特定的對象索求。

我請她做「捨棄父母阻礙練習」，她發現，母親確實疏於在言語與肢體接觸上展現愛意，卻為了她存了一大筆錢，甚至在美香開始找工作時，藉由自己的人脈幫忙她。

她終於感受到，雖然母親只是沒有依照美香的期望愛她，卻以她自己的方法展現愛意，並且處處幫忙、為她設想，讓她非常心滿意足。

伴侶關係之所以不順遂的主要原因之一就是，年幼時未能從母親那裡感受到愛，長大成人後，會無意識地向伴侶索求超乎正常的愛。

透過「捨棄父母阻礙練習」，只要實際感受到來自父母的愛，就不會過度向伴侶索求，得以建立起「良好伴侶關係」。

消除對手足的負面想法

由同一對父母所生、從小一起成長的手足，既是最了解自己的密友，也是互爭父母的愛的競爭對手。

我有個小七歲的弟弟，但我們既沒有如密友般的情誼，也不是競爭對手。然而有一件事，我卻始終都無法忘懷。那就是某日外祖父告訴我說，父親曾說過：「看來再也無法期待喻史，現在只有弟弟才值得我期待。」特意說給我聽的外祖父一定是有他的用心，但我聽到他轉述時，還是受到很大的衝擊。

公司經營者達也先生（四十九歲）是我的一個個案，他也與我有相似的經驗。達也當年在大學聯考時落榜。那時，他的父親對他說：「我對你非常失望，我再也不會對你有所期待，會轉而好好期待弟弟未來的表現。」據說他因此受到強烈的打擊。

達也一心想著要報復父親，因此出社會後努力工作，終於成為公司經營者，並有不錯的成績。

然而，當公司業務量增加，須要招募更多員工，他卻面臨到「員工都不會長久待下去」的煩惱。

他的員工不能犯錯，因為一犯錯就會遭到他嚴厲指責。

我向達也提出建議：「不然我們來看看你的親子關係如何吧？」他因此察覺到，原來以前父親對他所做的判刑：「我再也不會對你有所期待。」他也同樣用來對待自己的員工。

後來，達也在持續做「捨棄父母阻礙練習」期間，也終於察覺到，父親除了總是嚴厲對待他，也有完全不同的另一面。

他想起當自己大學落榜成為重考生，是父親毫無怨言地為他付了補習費；當他大學剛畢業準備就職，是父親為他訂製了西裝。

他也想起，父親之所以嚴詞以對地說：「我再也不會對你有所期待。」其實或許是父親自己認為該收手，不要再加諸期待在他身上的自我提醒。也可能是父親因為有期待才有大失落，只是發洩情緒而已。

當達也能實際感受到，自己父親雖然很嚴格、雖然有時很冷漠，對自己卻是溫柔且有愛，他終於明白父親是真的愛著他的。達也實際感受到這些後，內在便湧現出更多安心感。

據說，在那之後，達也的事業就更加蓬勃發展。

達也認為之所以走到這一步，有兩個原因：

一是，工作願景從「想要向父親復仇」轉變為「想要讓某人更幸福而工作」。

另一個是，後來他不再緊盯著員工的錯誤一一指正，而是能把員工看成是一起讓事業成功的夥伴。

繼續我的故事。我認為，我的外祖父之所以要刻意跟我說：「你的父親說他不再對你有期待。」最根本的現實在於，外祖父（母親的父親）對父親沒有好感。

外祖父真正想說的應該是：「你的父親就是這麼的糟糕（讓我的女兒不幸）。」

我弟弟的成績優異，考進了理想中的學校，父親對弟弟有期待是理所當然

的，但是透過「捨棄父母阻礙練習」，讓我可以客觀看待這件事，也因此，不再把外祖父說的話放在心上。

原以為是禍事，其實是幸運

都是因為我的父母，所以人生才變得這樣。

我想，有不少人都這麼想吧。然而，客觀地回頭看看自己的人生，就會發現，正是那些意外、**正是那些人生的黑暗才成就了現在的人生，那些過往才是人生中的重要經歷。我的個案中不乏這樣的例子。**

真弓小姐是名咖啡廳老闆，現年三十七歲，父母在她青春期時離異，之後的大多歲月，她都跟外公外婆同住。

不論是對從她人生消失的父親，或是將她丟給外公外婆照顧、不太回家的母親，真弓都懷抱滿滿恨意。

因此，我請她分別進行「捨棄父母阻礙練習」，後來她察覺到了許多從未察覺的事。

現在，真弓的咖啡廳已經轉型為販賣使用有機蔬菜料理的天然餐食咖啡廳。而那些有機蔬菜都是她細心栽種出來的。

真弓之所以對農業產生興趣，是因為她從小跟外公外婆一起生活，而他們是務農的。她因為從小幫忙農作，耳濡目染之下，對農業產生了興趣，於是大學時選讀了農學院。

後來，她活用在田裡的經驗與大學學習的技術，順利地讓咖啡廳轉型成功。回頭想，讓她與農業接觸的契機，正是父母離異。母親因無法親自照顧她，而將她託付給了外公外婆。

也就是說，**對真弓來說，原本讓她懷抱恨意的事——父母離異，正是幫她開展人生的契機**。

我曾詢問真弓：「妳覺得，如果妳的父母沒有離異，現在的妳有可能會比較幸福嗎？」

她回答說：「不。我不這麼認為。正因為有前面那一段人生，才有現在的我。對此，我感到很滿足。」

習慣對父母察言觀色，在職場上很受用

如果父母關係不好，在這樣家庭長大的孩子就會對父母察言觀色。

最後，不只是父母，他們將會變得在意身邊大人們的心情，無法率直地採取行動。

美由紀小姐是名護理師，今年五十二歲，她最討厭感情不好的父母，而她也是一直過著對人察言觀色的人生。

她對父母的信任感薄弱，因此使她無法信任他人，幾乎沒有親近的朋友。

美由紀認為：「都是因為父母害她無法對人敞開心胸，只會想著要看人臉色，這樣的人生真是無趣。」

然而，**自從她開始做「捨棄父母阻礙練習」以來，她已經可以察覺到，自己**

只認識了一部分的父母。

回頭想想，她的父母們並不總是對彼此懷抱敵意。他們一起去旅行許多次，甚至連她國高中的排球比賽，他們都一起來幫忙加油打氣。

雖然兩人間確實爭吵不斷，但也有關係和睦一起行動的時候。

另一方面，她也能不再把無法信任他人、總是看人臉色的這個習慣看成是所謂的缺點。

比方說，當周遭的人遭受投資詐騙事件，只有美由紀一人對此抱持懷疑，因而躲過一劫。她很慶幸自己當初謹慎小心。

另外，護理師這分工作須要時常觀察患者狀態。這對自小就習慣察言觀色的她來說簡直是如魚得水，她因此很擅長解讀患者的內心世界。

美由紀認為，自己之所以經常能收到患者「真高興妳能無微不至地照顧我」的感謝，**都是由於原本對自己來說是苦痛的「察言觀色壞習慣」所帶來的好處**。

重新看見為自己帶來好處的那些事情

「捨棄父阻礙練習」的特徵在於，改變觀點來看待事情。

比方說，如前面在練習四所介紹的，察覺那些隨著因父母言行傷心而帶來的「好處」。對我來說，發現那些好處是出乎意料之外的。

孩童時期，父親曾強迫我讀書學習及踢足球都為我帶來痛苦，但是，英文能力與鍛鍊身體的習慣、寫出文章的要點訓練，在在都為現在的我帶來好處。

真人先生是一名自由接案者，現年三十三歲，他與我同是因為在大企業工作、疲於人際關係往來，後來選擇獨自創業。

然而，一開始他雖參加了各種商管研討會，嘗試過各種行業，卻依舊找不到靈感。

後來，他因緣際會找到了我，透過諮詢，他才察覺到，或許這麼定不下來，問題出在他與父母的關係上。

他的父母在他年幼時就離婚了。**真人一直認為，是父親拋棄了他，而且對於從未有過像樣的父子互動感到遺憾並心懷怨恨。**

並且，真人對放任父親不珍惜他的母親也感到憤怒，為了復仇，他選擇了讓自己變得不幸。

由於他是獨生子，母親不在家時，大多都得獨自度過。他對這件事也感到憤怒，但在做了步驟四的練習後，他總算明白，原來因為母親長時間不在家，自己也得到了未曾想過的好處。

他察覺到，因為父母不太干涉他，因此在國高中這種需要大量自由時間的時期，他比其他朋友都來得自由自在。

也因為這樣，他能盡情聽喜歡的音樂，這讓他後來得以用特殊選才的方式進入大學就讀。

另外，他發現，當初由於父母不可靠，所以，他每件事都能有自由決定的機會。也因為父母不干涉，所以讓他習慣於各種挑戰，這也是好處。

隨著做越來越多的「捨棄父阻礙練習」，他明白了，原先以為父親拋棄他的這個想法，充其量只是自己先入為主的想法，父親當時確實有他自己的難處。

從這時候起，真人的人生就好轉了。他對於在感興趣領域中以自由工作者的身分工作一事有了眉目。

真人成長於日本北陸地區，原本以為「自己一輩子都離不開這裡」，沒想到最終竟順利在他喜歡的地方過自由生活。

真正令真人感動的是母親一席不經意的話。

當他為了獨立而搬到東京生活，母親說了一番溫暖的話：「如果不順利，隨時都歡迎你回來。」

他原以為，母親一直都忽略自己，也從來都不展現愛意，沒想到當時卻對他說出這麼一番話，讓他內心升起了感謝之情。

以上的種種覺察都讓他感受到，原來父母永遠都是孩子最強的後盾。

真人透過「捨棄父母阻礙練習」而獲得了療癒，現在獨自創業且非常順遂。

因為工作極有效率，使得他能過著不受時間與環境拘束的生活型態。

順帶一提，我對真人的第一印象，一言以蔽之，就是很「須要與人連結」的一個人。我清楚知道，因為小時候，他的父親離家生活，一起生活的母親也沒給他足夠的愛，致使他內心的匱乏都反映在人際關係與工作上。

在工作上，要成功的關鍵之一就是，「如何不吝於為他人付出」。就像以前的我一樣，真人也曾經因為內在的不滿足，以至於無法對他人付出。

然而，透過「捨棄父母阻礙練習」，他理解了母親其實是愛他的。雖然小時候不斷變更生長環境與朋友，但自己切實地走過了那樣的狀態，因此，內心變得滿足，對自己更有自信，終於也開始能對他人付出。

同時，原本過度沒有安全感、緊迫盯人的狀態也都消失了。

完成「捨棄父母阻礙練習」後，身體的不適改善了！

前面說了人際關係與工作層面，接著來談談健康層面。

我完成「捨棄父母阻礙練習」之前，總感覺身體很沉重，就算睡滿七、八個小時，也還是感到疲累。每到早晨，我甚至會憂鬱地覺得：「又將要開始毫無新意的一天……」

二十六歲的理沙小姐是一名上班族，她從青春期起就罹患厭食與爆食症，兩種症狀經常輪流發作，身體狀況從未穩定過。

厭食與爆食症在精神疾病中，是屬於致死率最高、最危險的症狀。

所幸，理沙的症狀還不至於這麼嚴重。她的狀況是短時間內體重會上下浮動個五到六公斤，自己也從未感受過情緒穩定的狀態。

另外，她為失眠所苦，須要依賴安眠藥，這個狀況也令她感到煩惱。

當初她來找我時，剛好流行「毒親」這個詞，於是**她疑惑著自己的母親或許就是毒親**。

怎麼說呢？

聽她描述父母時，可以清楚知道，她的父親在家中存在感薄弱，母親則可以說是過度干涉，幾乎凡事都要介入。

從學生時代起，門禁是晚上七點、上班後則是八點，更別提要與朋友出外遠遊。母親甚至會調查她正在交往的男性友人身家，連她要穿的衣服都得要經過母親認定為有氣質才能穿，理由是「妳一個人成不了事」。

理沙雖然也試圖反抗過母親，但溝通結果總是讓她認為「或許母親說得才是對的」而選擇順從母親的安排。

因此，我請她做「捨棄父母阻礙練習」。做了練習後，她逐漸變得能客觀看待自己與母親的關係。

理沙後來能察覺到，**原來是自己也願意接受母親的過度干涉**。雖然她認為母親很囉唆，也想離開家獨自居住，但之所以未能達成心願，是因為在家可以享受經濟上的好處。

理沙喜歡美妝美容，也喜歡打扮，每個月的薪水幾乎都花費在美容保養與治裝費上。如果一個人獨立生活，能自由使用的金錢勢必會大大減少。

她說因為她總是打扮得美美的，所以很受異性朋友的喜愛。

於是，當她客觀地理解到自己與母親的關係，以及從中的獲益後，**怨恨母親的心情就消失了，她再也不會厭食或爆食**，晚上也能安穩睡覺，現在已經不須要服用安眠藥了。

理沙的狀況是，因為母親的各種干涉，讓她享有「不須要考量許多事」的好處。但同時，她也捨棄了「自己」。

理沙在無意識層面察覺到這個狀況，雖然她也想要活出自我，但只要聽從母親就絕對能輕鬆生活，就是這個矛盾令她內在痛苦不已。

後來，理沙下定決心，要正視自己與父母的關係以及自己因此獲得的好處，她才得以抓住改變人生的契機。

順帶一提，以前我不論怎麼睡都睡不飽，但現在每天只要平均睡四小時就能感到神彩奕奕。

我不但覺得工作充滿樂趣，也會覺得睡覺是件浪費時間的事。

對我來說，因為解決了曾是人生重大問題的「父母阻礙」，我的工作步調才能調整為向前邁進的步調。

活出自我的「真正人生」從現在開始

在本章中，向各位介紹了我至今所遭遇的各種各樣個案故事。

你的童年家庭環境、現在正懷抱著的煩惱，有沒有跟這些故事相似的呢？

我自己也是**在完成了「捨棄父母阻礙練習」後，像本章中提到過的所有個案一樣，懷疑「至今我的人生究竟算什麼」**？

但是卻也明確感受到「我真正的人生就要開始了」這一點。

然而，絕對沒有「我之前的人生白白浪費了」這種事。

因為我們都從父母那裡得到了無限的寶物。每一個寶物都成了你我現在的血肉、精神糧食，成了現在自我的基礎。如果是認真做「捨棄父母阻礙練習」的你，一定能認同這樣的想法。

完成了「捨棄父母阻礙練習」之後，你會發現，至今的所有經驗、所有時間都有其意義，是它們讓你的人生更加深刻。

讓我們一起期待接下來的人生吧！

後記　已經沒問題了！未來能由自己改變

每個人都曾經經歷過鮮明的人生轉捩點，突然境遇一轉，看見的風景就陡然大變。

我也有過那樣的經驗。如同我在內文所提到的，那是在二〇一六年時，我遇到了約翰．迪馬提尼先生所開發的「迪馬提尼方法®」。

我認為，人們對父母長年以來的心結是首要解決的課題。我察覺到，原來我自己是成年孩童（Adult Children，孩童時期經歷扭曲的家庭經驗，導致現在的心理障礙）。我認為，我應該要設法克服這一點。

我嘗試了各種自我成長的方法，也曾參加各種工作坊，後來發現，即使我頭腦明白該怎麼做，卻怎麼樣也無法放下。

就在我持續摸索時，終於遇到了「迪馬提尼方法®」。我常在想，如果當初沒有遇到這個方法，我應該無法對父親改觀，也無法想像現在的我會是怎麼樣的人。

我想，應該是對父親的反叛與嫌惡感成了發動器加速，讓我單純為了滿足自己的野心而嘗試各種挑戰，然後不斷地遭遇挫折。

現在回頭來看，那段時間我或許嚐透了超乎必要的痛苦，另一方面卻也為我帶來了大量學習的重要時間。

伴隨黑影而來的是強光。

正因為我感到自己與父親關係的糾葛，我也才能明白，那是父親所帶來的豐盛而大為喜悅。

從這個經驗中，我學習到很多。

尤其成為我支柱的是**「自己的人生與未來可以由自己改變」**。

希望各位閱讀本書時不要只停留在嘆服地想著「原來如此」，而是本著想要改變人生的心情，試著做做「捨棄父母阻礙練習」。

這麼一來，**你的人生就能確實得到改變**。

如果你有了心得，請務必在社群媒體上分享你喜悅的心情，諸如：「人生改變了」「真高興遇到這麼棒的方法」等。

你的心得會傳遞給更多人，也會為他們的人生帶來改變的契機。

另一方面，或許有些人在做「捨棄父母阻礙練習」時不那麼順利，或是遭遇挫折。

我特地設立了官方LINE，裡面有「常見問題集」以及能更增進親子關係的「祕技。捨棄父母阻礙」等單元，希望各位使用。如果可以，請掃描底下的QR CORD加入。

要記得，我們是為了幸福生活而誕生於世的。

父母尤其希望我們能得到幸福，他們本著這個想法，懷著滿滿的愛把我們扶養長大。

只不過，父母所表達的愛，經常與我們所接收的愛有著大大的鴻溝，而讓我們受苦的就是那道鴻溝。

正是父母所表現的愛成了鴻溝，才綁縛住了我們。

但是，沒問題的！

只要完成「捨棄父母阻礙練習」，你也能走出自己的人生。**你會知道自己真正想要的，並知道自己出生在這個世上的意義、使命，以及該走的道路。**

我要深深感謝將約翰・弗雷德里克・迪馬提尼博士的「迪馬提尼方法®」引介至日本的「幹勁研究所」的岩元貴久先生。

我也要萬分感謝願意拿起這本書閱讀的各位。

如果這本書能為各位帶來些微助益，將是身為作者的我最為開心的事了。

三凜喻史

國家圖書館出版品預行編目資料

解結：取回人生主導權,捨棄父母阻礙的八個練習 / 三凜諭史作；簡毓棻譯. -- 初版. -- 新北市：世茂出版有限公司, 2024.03
面； 公分. -- (心靈叢書；22)
ISBN 978-626-7172-91-9(平裝)

1.CST: 家庭關係 2.CST: 親子關係
3.CST: 家庭心理學

177.31 112021377

心靈叢書22

解結：取回人生主導權，捨棄父母阻礙的八個練習

作　　者／三凜諭史
譯　　者／簡毓棻
主　　編／楊鈺儀
封面設計／林芷伊
出 版 者／世茂出版有限公司
地　　址／(231)新北市新店區民生路19號5樓
電　　話／(02)2218-3277
傳　　真／(02)2218-3239（訂書專線）
劃撥帳號／19911841
戶　　名／世茂出版有限公司
單次郵購總金額未滿500元（含），請加80元掛號費
世茂官網／www.coolbooks.com.tw
排版製版／辰皓國際出版製作有限公司
印　　刷／傳興彩色印刷有限公司
初版一刷／2024年3月

ＩＳＢＮ／978-626-7172-91-9
ＥＩＳＢＮ／9786267172902 (EPUB)／9786267172896 (PDF)
定　　價／360元

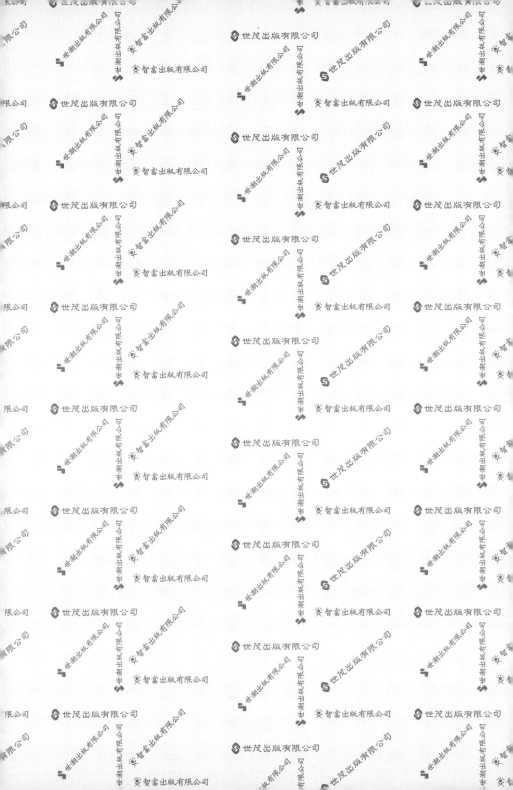